Giorgio von Arb, Norbert Lehmann, Werner Vogler

KLOSTERLEBEN

INRI

GIORGIO VON ARB/NORBERT LEHMANN/WERNER VOGLER

KLOSTERLEBEN

KLAUSUR-FRAUENKLÖSTER DER OSTSCHWEIZ

TEXTBEITRÄGE: BERNHARD ANDERES, SR. M. GERTRUD HARDER

GESTALTUNG: PETER ZIMMERMANN

OFFIZIN

Die Herausgabe dieser Dokumentation zur Ausstellung »1200 Jahre Klosterkultur« ermöglichten in verdankenswerter Weise die nachstehend erwähnten Buchbezüger, die zugleich einen Druckkostenbeitrag leisteten:

Der Kath. Konfessionsteil des Kantons St. Gallen und Katholische Kirchgemeinden
Die Standeskommission des Kantons Appenzell Innerrhoden

Die Gemeinden:
Altstätten, Gommiswald, Jona, Rapperswil, Tübach, Wattwil, Wil

Die Ortsgemeinden:
Rapperswil und Wil

Die Firmen und privaten Gönner:
Appenzell-Innerrhodische Kantonalbank
Bank Linthgebiet-Sarganserland
Arnold Billwiller Stiftung, St. Gallen
St. Gallische Kantonalbank
Schweiz. Kreditanstalt Rapperswil
Elvia-Versicherungen, E. Schneider, Jona
Familia-Leben, St. Gallen
Helvetia Versicherungen, St. Gallen
Migros-Genossenschaftsbund, Zürich
Steo-Stiftung, Zollikon
Hugo und Rino Fontana, Rapperswil-Jona
Geberit AG, Klaus Gebert, Jona
Leonhard Lehmann-Ledergerber, Gossau
Felix Schmid, Rapperswil
Franz Schubiger-Reich, Jona
Reinhard Stieger, Treuhand, Jona
Edy Widler, Bezirksammann, Uznach

Das Amt für Kulturpflege, St. Gallen

Gestaltung: Peter Zimmermann
Lektorat: Dr. Ernst Halter, Aristau

Lithos: Franz Horisberger AG, Niederglatt/ZH
Satz: TypoVision AG, Zürich
Druck: BuchsDruck, Buchs/SG
Einband: Benziger AG, Einsiedeln

Printed in Switzerland
ISBN 3- 907495-43-8

INHALT

ZUR EINFÜHRUNG

Das Klosterleben ist in der heutigen Zeit ein Paradox; in einer Atmosphäre der Entscheidungsschwäche und Bindungsscheu verwundert es nicht, dass es in der Krise steckt. Im Grunde genommen reflektiert die Krise der Klöster die Krise der heutigen Gesellschaft. Somit bestätigt sich auch die Tatsache, dass das Klosterleben nur im Kontext seiner Zeit zu verstehen ist, dass es gleichsam eine Herausforderung für die jeweils heutige Gesellschaft ist. Die Mönche und Nonnen, Klosterfrauen, Priester und Laien versuchen radikal dem Ruf der Nachfolge Christi zu entsprechen, wie es die Heilige Schrift als sogenannte evangelische Räte empfiehlt. Leben und Existenz in einem Kloster haben immer wieder Interesse, Aufmerksamkeit, manchmal auch Ablehnung erregt. Die vorliegende Publikation von ausgewählten Photos soll das Alltagsleben so gut wie die Feste, die Höhepunkte des Jahres, im Kloster dokumentieren, aber auch das Leben der einzelnen Klosterfrau von der Einkleidung über die Profess bis zum Tode. Im Zentrum steht der Alltag, der gewöhnliche Ablauf des Klosterlebens und -tages mit seinen streng geregelten Stunden. Das Klosterleben ist ein stellvertretendes: in Vertretung der Christen in der Welt weihen sich Klosterfrauen und Mönche ganz Gott, verrichten das Chorgebet, das Lob Gottes an deren Stelle. Teilweise leisten sie auch Tag und Nacht, jahraus, jahrein die stille Ewige Anbetung, in einer Tradition, die ins 18. Jahrhundert zurückgeht und die in einem gewissen Sinn eine typisch barocke Frömmigkeitsform darstellt ähnlich wie die Prozessionen, das Rosenkranz- und das vierzigstündige Gebet. Trotzdem verbleibt der Bezug zur Welt und zur Gesellschaft deutlich, auch wenn sich die Schwestern von dieser Welt durch Mauern getrennt haben, Klausurmauern, die lange Zeit fast undurchdringlich und unüberwindbar waren. Diese waren das äussere Zeichen der Trennung und Absonderung vom Saeculum, von der Welt. Doch als Mauern der Trennung waren sie auch Mauern der Geborgenheit und Sicherheit. Heute sind diese Aspekte weitgehend relativiert, aber immer noch symbolhaft aussagekräftig. Zur Loslösung von der Welt gehörte lange auch eine fast totale Autarkie, ähnlich wie wir sie in einer antik-frühmittelalterlichen Form im St. Galler Klosterplan finden. Zu fast allen barocken Klöstern gehörte eine Landwirtschaft, die bis vor wenigen Jahrzehnten meist von den Schwestern selbst geführt wurde. Dazu kam ein Garten, wo die nötigen Gemüse und Früchte für die Selbstversorgung gezogen wurden.

Bis heute kann die Existenz eines äusserlich sichtbar geschlossenen Klosters eine Herausforderung und gar eine Provokation für den modernen Menschen bedeuten, auch ein Anstoss zum Nachdenken über seine eigene Existenz, über den modernen Alltags- und Wirtschaftsrhythmus und dessen Relativität. Heute wie eh und je leisten die Klöster einen Beitrag an die Gesellschaft, und der könnte angesichts des fragwürdig gewordenen Fortschritts und der klaren Erkenntnis der Gefahren der modernen technischen Entwicklung wieder aktuell werden.

Das Kloster St. Gallen. Aus der »Idea Sacrae Congregationis Helveto-Benedictinae« 1702.

KLOSTERLEBEN IN DER OSTSCHWEIZ

Klösterliches Leben und klösterliche Existenz besitzen in der Ostschweiz eine lange Tradition und haben diese Landschaft während mehr als eines Jahrtausends geprägt. Die Klöster waren nicht bloss Stützpunkte und Burgen des Glaubens, sondern haben auch in ihrer erzieherischen Funktion das kulturelle Bild der Landschaft seit ihrer Gründung verändert. Der ostschweizerische Raum war im Frühmittelalter politisch und kirchlich aufgeteilt in das Bistum Konstanz und das Bistum Chur, eine romanische Welt stand zunächst einer germanischen gegenüber, in einem gewissen Gegensatz, aber auch immer mit gegenseitigen Beziehungen. Ein treffendes Beispiel für diese über die Bistums- und Sprachgrenzen hinweg laufenden Verbindungen ist die Figur des Gründerabtes von St. Gallen, des Alemannen Otmar, der sich sein geistiges Rüstzeug in Chur am Hof der Victoriden geholt hat. St. Gallen gleichsam als Urkloster der Ostschweiz geht indes noch weiter zurück, auf die Zellengründung des heiligen Gallus, des irischen Wandermönchs, der als Eremit im Jahre 612 seine »Zelte« im Hochtal der Steinach aufschlug. Rasch und trotz der vielen inneren und äusseren Schwierigkeiten wurde St. Gallen seit Abt Otmar zum geistlichen und bald auch zu einem wirtschaftlichen und politischen Zentrum in Südalemannien. Eine eindrückliche Zahl von Güterschenkungen ging von reichen alemannischen Grundbesitzern, wie es die Urkunden immer wieder sagen, um des Seelenheiles willen, an das Grab des heiligen Gallus. Neben St. Gallen entstanden in der Folge weitere Klöster, wie Aadorf, das allerdings wieder einging, oder auch die um 730 vom Wander- und Chorbischof Pirmin gegründete Augia Dives, die Reichenau, die ihrerseits manche Besitzungen südlich des Rheines ihr eigen nennen konnte.

Das Kloster Pfäfers.
Aus der »Idea Sacrae Congregationis Helveto-Benedictinae« 1702 .

Auch Churrätien ist eine uralte Klosterlandschaft gewesen, nicht zuletzt dank der strategisch und verkehrs-

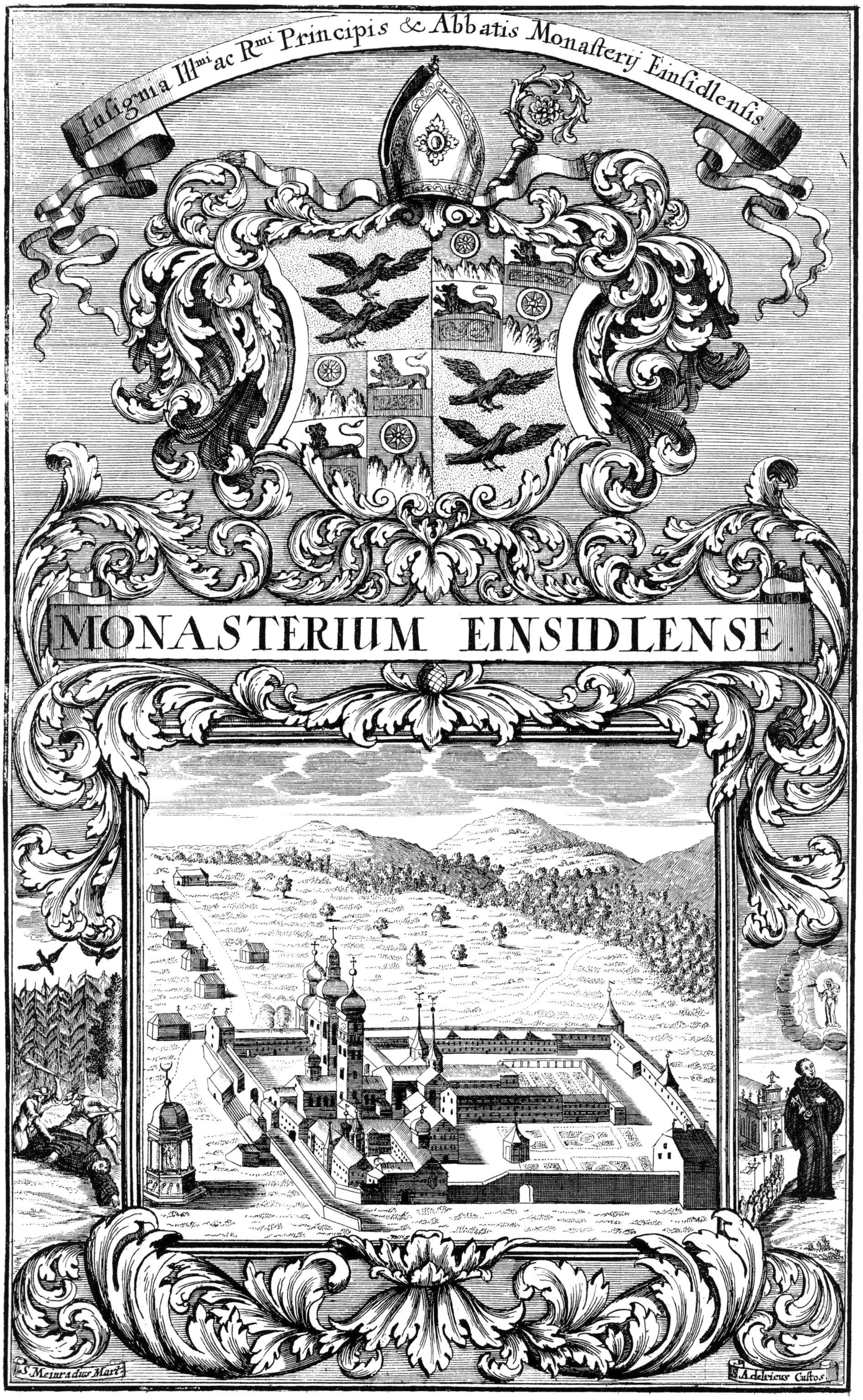

Das Kloster Einsiedeln. Aus der »Idea Sacrae Congregationis Helveto-Benedictinae« 1702.

technisch zentralen Lage. Daraus erklären sich teilweise die frühen Gründungen von Disentis, Müstair und Pfäfers im 8. Jahrhundert. Müstair war ursprünglich und lange Zeit ein Männerkloster, wie auch Pfäfers, das ungefähr 740 mit Unterstützung der Victoriden und geistlichem Beistand der Reichenau im Norden Churrätiens entstand. Im Einzugsgebiet der Männerklöster waren natürlich immer Frauen zu finden, das bezeugen die St. Galler und Pfäferser Verbrüderungsbücher, in denen Ehepaare, aber auch einzelne Frauen erscheinen, die in besonders enger geistlicher und geistiger Verbundenheit zum Kloster standen. Die Abtei Pfäfers konnte nach und nach einen umfangreichen Besitz in Nordrätien und in weiter entlegenen Gebieten erwerben, der sich teilweise im Hoch- und Spätmittelalter noch ausdehnte und sich endlich von Casaccia im Bergell bis Weggis in der Innerschweiz und Mettmenstetten im Zürichbiet erstreckte.

861 wurde der im Finstern Wald zu Einsiedeln als Eremit lebende Reichenauer Mönch Meinrad erschlagen. Sein Grab wurde im frühen 10. Jahrhundert durch die Bemühungen des Strassburgers Benno zum Kloster. Später, 934, wirkte Eberhard, Dompropst von Strassburg, im Finstern Wald und errichtete ein Benediktinerkloster. Er war der erste Abt. Reiche Dotierungen erfuhr das junge Kloster durch die Herzöge von Schwaben, Konradin, Hermann und seine Gemahlin Reginlinde. Auch die Ottonen unterstützten die Abtei mit Dotationen, so Otto I. Freie Abtswahl und Immunität erhielt sie 947. Von Einsiedeln aus gingen die Gründungen von Eschenz (958), Ufenau (965) und Pfäffikon (965). Einsiedeln besass eine wichtige Funktion im ottonischen Herrschaftssystem an den Zugängen zu den Bündner Pässen. Als Vögte wirkten zunächst die Herzöge von Schwaben, dann die Nellenburger, schliesslich die Edlen von Uster und die Herren von Rapperswil. Bereits seit 1274 war der Abt Reichsfürst. 1283 ging Einsiedeln ans Reich, bzw. ans Haus Österreich. Im 12. Jahrhundert begann eine langwierige Auseinandersetzung im sog. Marchenstreit mit Schwyz. Die Bibliothek stand in Beziehungen mit auswärtigen Klöstern wie St. Gallen. Im 11. Jahrhundert gelangte das Skriptorium zu einer ersten grossen Blüte. Einsiedeln erhielt besondere Bedeutung durch seine Marienwallfahrt, deren Ursprünge wohl in das 12. Jahrhundert zurückgehen. Es zog auch Pilger aus Gegenden ausserhalb der Grenzen der Innerschweiz an. Bereits im 14. Jahrhundert ist ein Pilgerhospital bezeugt. Die Pilger stammten teils gar aus Flandern und Norddeutschland. Bis heute ist Einsiedeln die grosse Wallfahrtsstätte der Eidgenossenschaft geblieben.

Schon früher haben Frauen im Kontakt mit der Abtei St. Gallen gestanden. Als hervorragendstes Beispiel ist die 1047 als erste Frau kanonisierte Klausnerin Wiborada zu nennen, von edler Abkunft, die mit einigen Gefährtinnen ein wohltätiges und später das zurückgezogene Leben einer Reklusin führte. Als sie es 926 ablehnte, ihr Refugium, die zugemauerte Zelle in St. Mangen, zu verlassen, musste sie den Märtyrertod erleiden. Zuvor hatte sie noch dem Abt geraten, die geistigen Schätze, die Bibliothek und andere Kostbarkeiten, in Sicherheit zu bringen. So ist sie wirkungsmächtig zur Patronin der Bibliothekare geworden, was augen- und sinnfällig ihr Attribut, das Buch, zeigt, das sie neben dem Marter- und Mordinstrument, der Hellebarde, zu tragen pflegt.

Die Entwicklung der Klöster ist als ein geschichtlicher Prozess zu sehen. Nicht einmal St. Gallen war immer ein Benediktinerkloster. Die Benediktsregel wurde erst 747, 27 Jahre nach der Gründung, auf Betreiben von Karlmann und Pippin eingeführt. Diese Regel war ein für die Entwicklung des Mittelalters und des Abendlandes schicksalshafter Text, der es in seiner alltäglichen Realisierung ermöglichte oder mindestens nicht verhinderte, dass antikes Geisteserbe den späteren Generationen überliefert werden konnte. Durch ihre kluge Milde und durch ihre geistige Weite wurde das möglich, was dann tatsächlich im Mittelalter von den Klöstern geleistet wurde, Caritas, Kultur, Wissenschaft, Technologie. Zwar waren diese Leistungen nicht verlangt von der Regel, aber sie waren mit ihr vereinbar. Gegen eine allzu large Auslegung der Regel setzten sich im Laufe der späteren Jahrhunderte des Mittelalters immer wieder Reformbewegungen durch, die auf eine strikte, wörtliche Einhaltung, auf eine rigorosere Disziplin drängten und damit gewissen Missständen Abhilfe zu schaffen versuchten. Damit verbunden war eine Ausfächerung der religiösen Lebensformen der evangelischen Räte, des absoluten Gehorsams gegenüber dem Abt, des Strebens nach ethisch verantwortbarer Lebensweise und der Armut, wie sie die Professformeln der Benediktiner klar und kontinuierlich immer wieder betonen: »*Ego ille promitto stabilitatem, conversionem morum meorum et oboedientiam contra abbatem coram Deo et sanctis eius.*« Ich verspreche vor Gott und seinen Heiligen Stabilität, mönchisches Leben und Gehorsam gegenüber dem Abt. Mit der rechtsgültigen, dauernden Verpflichtung dieses Gelübdes war die Grundlage für die innere Verfassung und die Stabilität der klösterlichen Gemeinschaften geschaffen. Sie garantierte dem Kloster seine Konsistenz, gleichzeitig aber auch den Gelübdeablegenden das gesicherte Umfeld ihrer Existenz, verbunden mit der Verpflichtung, die sie eingegangen waren.

Dem Reformorden der Zisterzienser war bei der dichten Präsenz der Abteien St. Gallen, Pfäfers, St. Johann und Fischingen in der Ostschweiz eine Gründung von Männerklöstern in diesem Gebiet offenbar nicht möglich. Hingegen konnten in Magdenau im Toggenburg und in Wurmsbach am Oberen Zürichsee die Zisterzienserinnen bereits im 13. Jahrhundert Fuss fassen. Als eine der spätesten Benediktinergründungen war bereits zuvor im oberen Toggenburg, gleichsam als Kolonisationskloster, das Kloster St. Johann im Thurtal im 11. Jahrhundert entstanden, im Gegensatz zu St. Gallen eine adlige Gründung, deren Ursprünge allerdings nicht restlos klärbar sind. Jahrhunderte zuvor war, noch in karolingischen Zeiten, das Frauenstift Schänis von Graf Hunfrid errichtet worden.

Von ihm erhielt es eine Heiligkreuz-Reliquie, die der Graf vom Präfekten Azan von Huesca in Spanien, den er als Gesandter Karls des Grossen besuchte, erhalten hatte. Der Konvent des frühen Frauenklosters ist im St. Galler Verbrüderungsbuch namentlich verzeichnet. Die Originaldokumentation über die Klostergeschichte ist zu einem grossen Teil untergegangen, manches kennen wir jedoch durch die verdienstvollen Abschriften von Ägidius Tschudi im 16. Jahrhundert. Es wurde oft als Benediktinerkloster bezeichnet, ist aber mindestens seit 1045 eindeutig ein Kanonissenstift gewesen, das im 12. Jahrhundert erwiesenermassen die Augustinerregel befolgte. Die Vogtei befand sich während längerer Zeit im Besitz der Freiherren von Lenzburg. Unter Kaiser Heinrich III. erhielt Schänis die freie Äbtissinnenwahl und die Reichsunmittelbarkeit. Begütert war es besonders in Benken und Schänis, wobei es auch die niedere Gerichtsbarkeit über Kerenzen, Amden sowie Benken und Gommiswald ausübte. Die Lenzburger Vogtei fiel 1173 an Kaiser Friedrich I. zurück. Später, im 13. Jahrhundert, finden wir die Grafen von Kyburg in dieser Funktion. Im Barock bezog das Stift einen Neubau, 1811 wurde es aufgehoben.

Als städtische Agglomeration von besonderer Bedeutung war im Schatten des Gallusstiftes die Stadt St. Gallen herangewachsen, die bereits seit dem 10. Jahrhundert ummauert war. Niemand hätte wohl zu prophezeien gewagt, welche wirtschaftliche Entwicklung diese Stadt erleben sollte. Tatsächlich besassen im Spätmittelalter die Leinwandproduktion und der Leinwandhandel weit überregionale Bedeutung. In diesem gleichsam modernen städtischen Kontext bestanden Möglichkeiten für die städtische Verhältnisse und Probleme widerspiegelnden neuen Orden, die sogenannten Bettelorden, Franziskaner und Predigerbrüder, die Dominikaner. Zwar haben sich gerade die Dominikaner und Dominikanerinnen auch in halb ländlichen Gebieten festgesetzt, etwa in den Städtchen Walenstadt und Weesen. In der Gallusstadt entstand um 1250 in einer Art Gegensatz zur fürstlichen Abtei das Frauenkloster der Dominikanerinnen, der heiligen Katharina geweiht.

St. Gallen ist im Goldenen und Silbernen Zeitalter vom 9. bis 11. Jahrhundert ein ausserordentlich hell leuchtender Stern und Brennpunkt der Kultur gewesen. Der allmähliche Niedergang der Abtei war nicht zuletzt verursacht durch den Wandel der politischen und sozialen Strukturen. Im Spätmittelalter wurde sie gleichsam zur »Adelsherberge«, mit geringer Mönchszahl, auch wenn sich mancher Abt bemühte, innere und äussere Reformen durchzuführen. Kuno von Stoffeln (1379–1411) suchte nochmals die Abtei in politisch traditionellem Sinn zu stabilisieren, dies gelang jedoch nicht, zu weit waren die Entwicklungen vorangeschritten, hatten sich die Verhältnisse geändert. Ein erfolgversprechendes Konzept boten erst die Unternehmungen und Bestrebungen von Abt Ulrich Rösch (1463–1491), dem ersten nichtadligen St. Galler Abt des Spätmittelalters. Seine Lösung wies in die Zukunft, indem er aus dem Bündel von divergierenden Rechten einen einheitlichen, modern aufgebauten, durchrationalisierten, auf rechtlich klaren Grundlagen ruhenden geistlichen Fürstenstaat schuf, dessen Strukturen auch die Umwälzungen der Reformation und die sich daraus ergebenden Schwierigkeiten der folgenden Jahrhunderte zu überstehen vermochten. Er schuf gleichsam die politische und administrative Grundlage für die weitere gedeihliche Entwicklung der Fürstabtei bis zur Französischen Revolution. In diesem Rahmen war auch eine Weiterexistenz für andere Klöster gegeben.

Im Zusammenhang mit der spätmittelalterlichen Geistigkeit und Frömmigkeit entwickelten sich zahlreiche neue religiöse Lebensformen, wuchsen geistig aktuellere geistliche Gemeinschaften. Gerade auch die Frauen waren damals religiös sensibilisiert, es bildeten sich kleine Gemeinschaften, etwa der Beginen, die teilweise die Grundlage für später streng geregelte und geordnete Klostergemeinschaften abgaben. Daneben bestanden natürlich die alten, eher feudalen Strukturen der Zisterzienserinnen- und der Ausbauklöster der Prämonstratenser weiter. Diese waren relativ reich. Doch auch von ihnen mussten Struktur- und Wirtschaftskrisen gemeistert werden. Jedenfalls ist kaum anzunehmen, dass sie jemals so reich und kapitalkräftig waren wie etwa die spätmittelalterlichen, in den Städten eingepflanzten Kartäuserklöster, die durch ihre Kapitalverleihungen einen wesentlichen Wirtschaftsfaktor der grossen Städte wie Basel und Freiburg im Breisgau bildeten. Die radikale Armut wurde von den Bettelorden gefordert, ihr wurde strikte nachgelebt; so konnten sie auch nicht mehr jenen äusseren materiellen Reichtum, vor allem an Gut und Boden, erreichen wie etwa die alten Klöster mit der Benediktsregel. Sie folgten einer anderen Regel, nämlich jener des heiligen Augustinus und den Vorstellungen und Vorschriften ihrer Ordensväter.

Es kann nicht genug betont werden, dass die Reformation in vielerlei Hinsicht eine entscheidende Zäsur für das Klosterleben bedeutete. Zwar waren es neben den Humanisten häufig Mönche, die der Reformation zum Gelingen und zum Durchbruch verhalfen, indes setzten sich diese radikal vom Ideal des Klosterlebens ab, geisselten in Worten den materiellen Reichtum der Klöster und fanden die Idee des Christentums in den aktuellen klösterlichen Lebensformen des Spätmittelalters degeneriert oder mindestens nicht mehr zum Ausdruck gebracht. Auch die Entwicklung der katholischen Kirche ist ohne das fundamentale Ereignis der Reformation nicht zu erklären. Vor allem als Reaktion darauf sind während längerer Zeit viele Handlungen, Entscheidungen und Massnahmen der päpstlichen Kirche zu interpretieren. Daneben suchte man wieder auf einer neuen Grundlage nach neuen Quellen, nach neuen radikal verstandenen Lebensformen. Zudem wollten die Mönche aktiv sein in der Verteidigung und Verbreitung des Glaubens; dies vor allem die neuen Männerorden der Kapuziner und Jesuiten, nicht so sehr die Frauenklöster, denen es mehr um einen geistlichen Beitrag zur Stützung und Förderung des Glaubenslebens ging. Diese wirkten im Verborgenen, im Stillen, wirkten durch ihr Gebet, beispielhaft seit dem 18. Jahrhundert auch durch die sog. »Ewige Anbetung«, das ununterbrochene, immerwährende eucharistische Gebet, eine Frömmigkeitsform, die immer mehr zur Aufgabe sogenannter geschlossener Frauenklöster wurde. Obwohl manche dieser Frauenklöster den eigentlichen Orden der Franziskaner, Kapuziner und Dominikaner nur lose angeschlossen waren und der für Laiengemeinschaften bestimmten sog. Dritten Regel folgten, verzichteten sie immer mehr auf gewisse äussere Möglichkeiten, schlossen sich ab und wurden so gleichsam zu geschlossenen Klöstern, zu autonomen Einheiten in der Landschaft, die auch wirtschaftlich weitgehend autark waren. Die Ostschweiz zählt bis heute 14 geschlossene Frauenklöster, dazu kommen vier Kapuzinerklöster.

Die gewandelte Situation nach der Reformation verlangte gebieterisch nach neuen Formen religiösen Lebens, auch des Ordenslebens. Neben den fast militärisch organisierten Jesuiten waren es die Kapuziner, die in der Schweiz als Reformorden des Franziskanerzweiges eine führende Rolle spielen sollten, weniger der neue Orden des hl. Philipp Neri, die Oratorianer. Die Jesuiten umfassten keinen weiblichen Part: die englischen Fräulein kann man nicht eigentlich diesem Orden zurechnen, dies im Gegensatz zu den Kapuzinern, deren männlichem Zweig bald ein weiblicher an die Seite trat. Diese Kapuzinerinnen waren jedoch nicht so sehr gegenreformatorisch, also im Sinne der katholischen Reform tätig, sondern wirkten vornehmlich als Gebetsgemeinschaft und klösterliche Kommunität im Stillen. Im 16./17. Jahrhundert befestigten die Kapuziner gleichsam vorwiegend politisch wichtige Orte. Zu Gründungen kam es auch im Gebiet des Abtes von St. Gallen, etwa in Gegenden nahe beim Zürichbiet und im an der Grenze zum Thurgau gelegenen Wil, ausserdem im strategisch bedeutenden Sarganserland in Mels und in Rapperswil sowie im glarnerischen Näfels. Es ist auf den ersten Blick erstaunlich, dass die Benediktinerabtei St. Gallen in ihren Gebieten der von Italien und vom Franziskanerorden ausgehenden Reformkongregation der Kapuziner Raum gewährte.

Es entstanden, teils aus alten Klöstern, teils aus früheren Samnungen oder andersartigen Einrichtungen hervorgegangen, mehrere Kapuzinerinnenklöster, so in Wattwil (St. Maria der Engel), das vom nahen Pfanneregg her verlegt worden war, Notkersegg im Weichbild von St. Gallen, St. Scholastika im wichtigen Rorschach (heute in Tübach). Im Rheintal fassten die Kapuzinerinnen Fuss am Rande des Städtchens Altstätten. Ausserdem gründete man wohl aus religions- und konfessionspolitischen Gründen neue klösterliche Einrichtungen in den

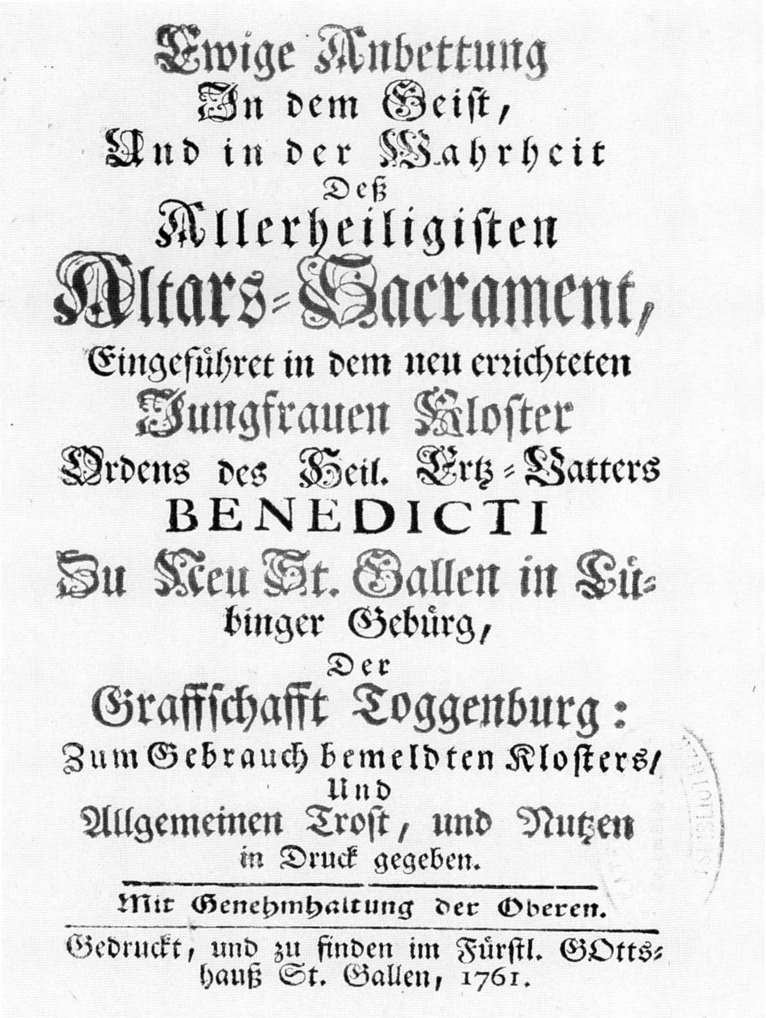

Ewige Anbettung
In dem Geist,
Und in der Wahrheit
Deß
Allerheiligisten
Altars-Sacrament,
Eingeführet in dem neu errichteten
Jungfrauen Kloster
Ordens des Heil. Ertz-Vatters
BENEDICTI
Zu Neu St. Gallen in Tübinger Gebürg,
Der
Graffschafft Toggenburg:
Zum Gebrauch bemeldten Klosters/
Und
Allgemeinen Trost, und Nutzen
in Druck gegeben.
Mit Genehmhaltung der Oberen.
Gedruckt, und zu finden im Fürstl. GOtts-hauß St. Gallen, 1761.

Erstausgabe der Ewigen Anbetung von Pfarrer Joseph Helg. St. Galler Klosterdruck 1761. Stiftsbibliothek St. Gallen.

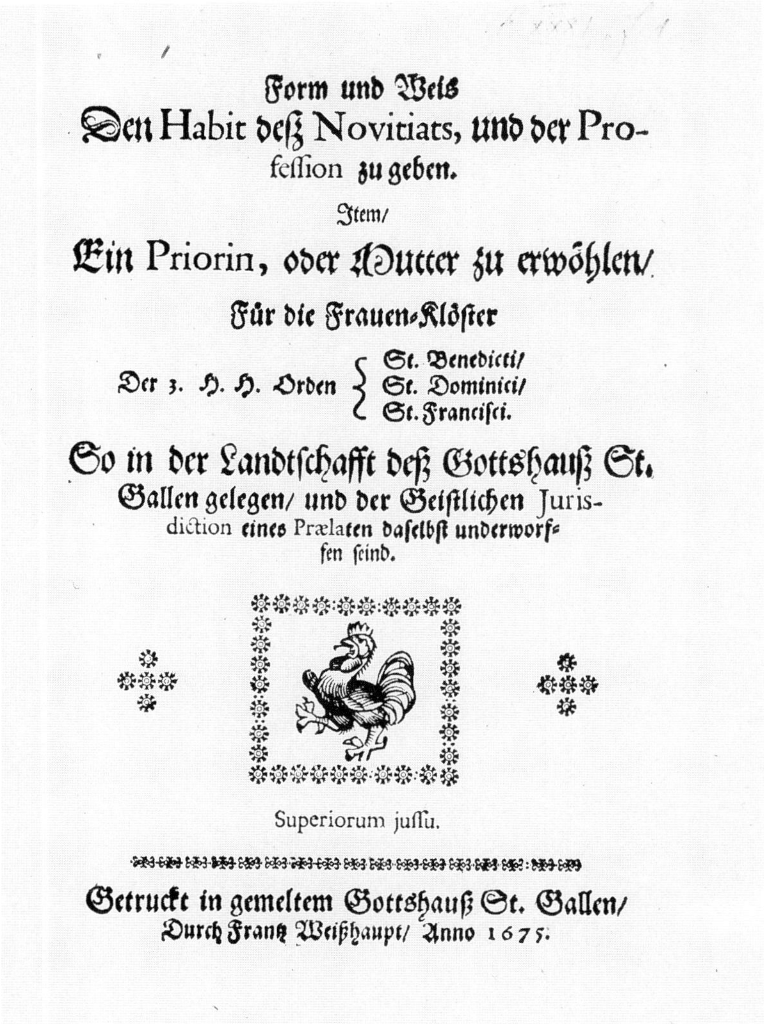

Form und Weis
Den Habit deß Noviciats, und der Profession zu geben.
Item/
Ein Priorin, oder Mutter zu erwöhlen/
Für die Frauen-Klöster
Der 3. H. H. Orden { St. Benedicti/ St. Dominici/ St. Francisci.
So in der Landtschafft deß Gottshauß St. Gallen gelegen/ und der Geistlichen Jurisdiction eines Prælaten daselbst underworffen seind.
Superiorum jussu.
Getruckt in gemeltem Gottshauß St. Gallen/ Durch Frantz Weißhaupt/ Anno 1675.

Novizenordnung des St. Galler Abts Gallus Alt für die stiftsanktgallischen Frauenklöster. St. Galler Klosterdruck 1675. Stiftsarchiv St. Gallen.

innerrhodischen Exklaven in Wonnenstein und Grimmenstein. Später im 19. Jahrhundert kam noch das Kloster Leiden Christi bei Gonten dazu. Mit ausreichenden Gütern dotiert, vermochten sie sich unter der Ägide des St. Galler Fürstabtes, der in den Frauenklöstern seines Bereichs oft die Beichtiger einsetzte und als Visitator fungierte, gedeihlich zu entwickeln. Sie betätigten sich in verschiedenen Bereichen, indem sie etwa Paramente bestickten, Katakombenheilige fassten, später die Kirchenwäsche, das Hostienbacken für die Pfarreien besorgten und so die Seelsorge indirekt unterstützten.

Das St. Galler Katharinenkloster, wo eine Schwester des St. Galler Stadtarztes Joachim von Watt als Nonne lebte, konnte in der Stadt nicht mehr weiterexistieren. Es wurde im Lauf des 16. Jahrhunderts in die Äbtestadt Wil verlegt, wo es, der Dominikanerregel folgend, seine Tätigkeit entfaltete. 1555 war das kränkelnde Kloster St. Johann im Thurtal St. Gallen inkorporiert worden. Es existierte fortan als St. Galler Priorat weiter. 1626 wurde es aus verschiedenen Gründen, u.a. auch wegen einer geheimnisvollen Krankheit, die in Alt St. Johann auftrat, in das weiter unten im Thurtal gelegene Sidwald, heute Neu St. Johann, verlegt.

Es sei hier noch ein Blick auf den Thurgau geworfen, wo leider keines der alten Frauenklöster des 19. Jahrhunderts überleben konnte. Da waren die Zisterzienserinnen in Tänikon, Kalchrain und Feldbach präsent. Zudem war seit 1461 der Kartäuserorden in Ittingen sesshaft. In Bischofszell lebte eine Chorherrengemeinschaft, in Tobel befand sich eine Ritterkommende, und in St. Katharinental war eine kulturell rege Dominikanerinnengemeinschaft zu finden.

Während die Kapuzinerinnen und Benediktinerinnen in unserem Untersuchungsgebiet vor allem vom Kloster St. Gallen aus geistlich betreut wurden, fällt der Einfluss der Männerklöster der Zisterzienser auf ihre weiblichen

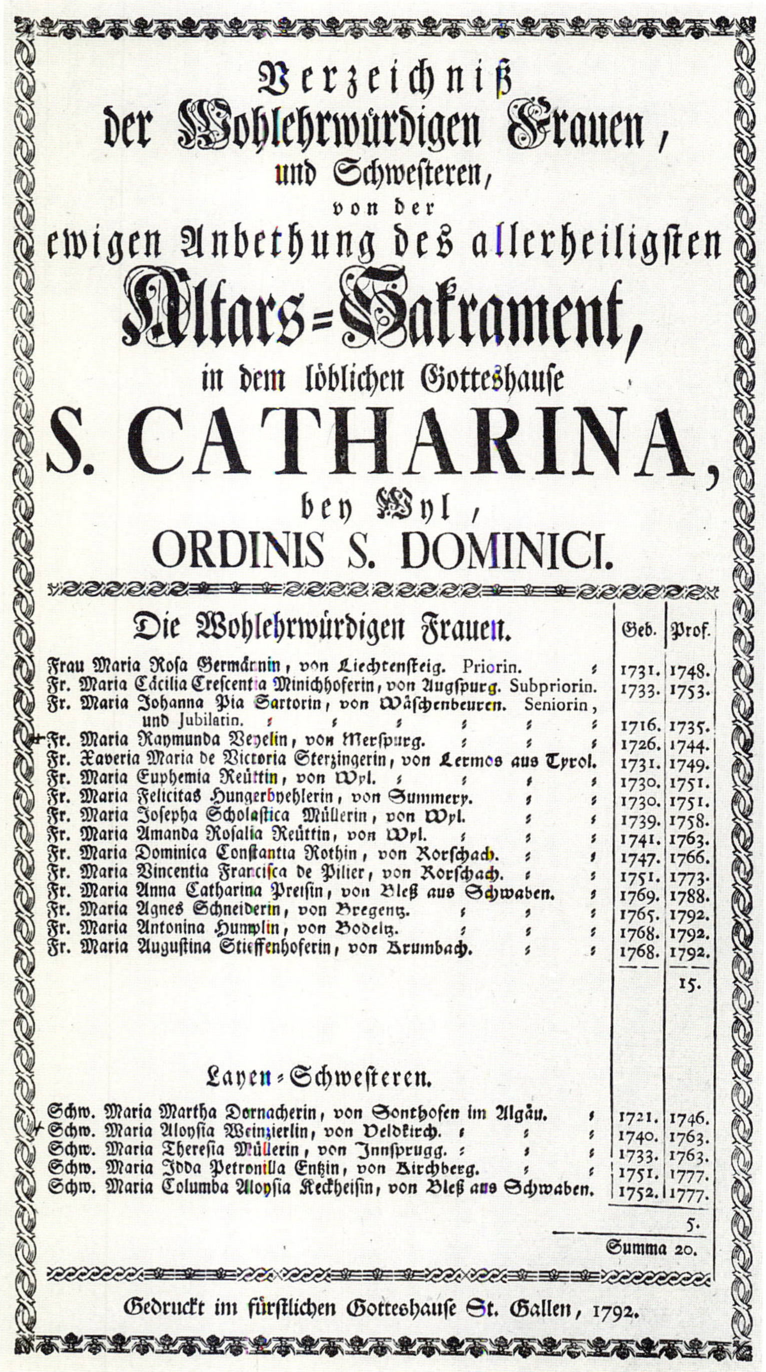

Verzeichniß
der Wohlehrwürdigen Frauen,
und Schwesteren,
von der
ewigen Anbethung des allerheiligsten
Altars=Sakrament,
in dem löblichen Gotteshause
S. CATHARINA,
bey Wyl,
ORDINIS S. DOMINICI.

Die Wohlehrwürdigen Frauen.	Geb.	Prof.
Frau Maria Rosa Germännin, von Liechtensteig. Priorin.	1731.	1748.
Fr. Maria Cäcilia Crescentia Minichhoferin, von Augspurg. Subpriorin.	1733.	1753.
Fr. Maria Johanna Pia Sartorin, von Wäschenbeuren. Seniorin, und Jubilatin.	1716.	1735.
Fr. Maria Raymunda Veyelin, von Merspurg.	1726.	1744.
Fr. Xaveria Maria de Victoria Sterzingerin, von Lermos aus Tyrol.	1731.	1749.
Fr. Maria Euphemia Reüttin, von Wyl.	1730.	1751.
Fr. Maria Felicitas Hungerbyehlerin, von Summery.	1730.	1751.
Fr. Maria Josepha Scholastica Müllerin, von Wyl.	1739.	1758.
Fr. Maria Amanda Rosalia Reüttin, von Wyl.	1741.	1763.
Fr. Maria Dominica Constantia Rothin, von Rorschach.	1747.	1766.
Fr. Maria Vincentia Francisca de Pilier, von Rorschach.	1751.	1773.
Fr. Maria Anna Catharina Preisin, von Bleß aus Schwaben.	1769.	1788.
Fr. Maria Agnes Schneiderin, von Bregentz.	1765.	1792.
Fr. Maria Antonina Humplin, von Bodelz.	1768.	1792.
Fr. Maria Augustina Stieffenhoferin, von Krumbach.	1768.	1792.
		15.

Layen=Schwesteren.		
Schw. Maria Martha Dornacherin, von Sonthofen im Algäu.	1721.	1746.
Schw. Maria Aloysia Weinzierlin, von Veldkirch.	1740.	1763.
Schw. Maria Theresia Müllerin, von Innspruggg.	1733.	1763.
Schw. Maria Idda Petronilla Entzin, von Kirchberg.	1751.	1777.
Schw. Maria Columba Aloysia Keckheisin, von Bleß aus Schwaben.	1752.	1777.
		5.
		Summa 20.

Gedruckt im fürstlichen Gotteshause St. Gallen, 1792.

Liste der Schwestern des Klosters St. Katharina, Wil. St. Galler Klosterdruck 1792. Stiftsarchiv St. Gallen.

Pfarrer Joseph Helg (1720–1787), Förderer der St. Galler Frauenklöster. Gemälde von 1851 von Michael Fochn.

Zweige deutlich ins Auge, etwa jener von Wettingen auf Wurmsbach im Seebezirk sowie auf Magdenau im Toggenburg. Im Thurgau befanden sich zudem zahlreiche Niederlassungen mit Sommersitzen und kleineren Herrschaften verschiedener weiterer Orden. Zwischen den Klosterfrauen und den Bewohnern der Umgebung bestand oft ein enges persönliches Verhältnis. Die Ordensschwestern verkörperten nachreformatorische Spiritualität eigentlich in fast ungebrochener Tradition bis in die Mitte des 20. Jahrhunderts.

Aus den Umbrüchen und Schwierigkeiten der Französischen Revolution und des frühen 19. Jahrhunderts waren im Grunde genommen die Frauenklöster unversehrt und durch die überwundenen Schwierigkeiten gar gestärkt mit neuem Selbstbewusstsein hervorgegangen, was es ihnen ermöglichte, während des 19. Jahrhunderts ihren religiösen Pflichten und neuen sozialen Aufgaben zu obliegen. Im Geiste der Aufklärung war damals die utilitaristische Komponente jeglichen sozialen Verhaltens immer wieder betont worden. Die Frage »Was nützen die Klöster?« verlangt nach einer Antwort. So wurden manche Klöster mit neuen Aufgaben, etwa mit Hauswirtschaftsschulen und Sekundarschulen betraut. Weitere suchten eine andere Lösung, so das Kloster Berg Sion, das sich seiner sozialen Verpflichtung mit der einmaligen Zahlung einer Geldsumme an die Gemeinde entledigte.

Bereits das 18. Jahrhundert hatte nicht nur die verstärkte Klausurierung, sondern auch die Einführung der

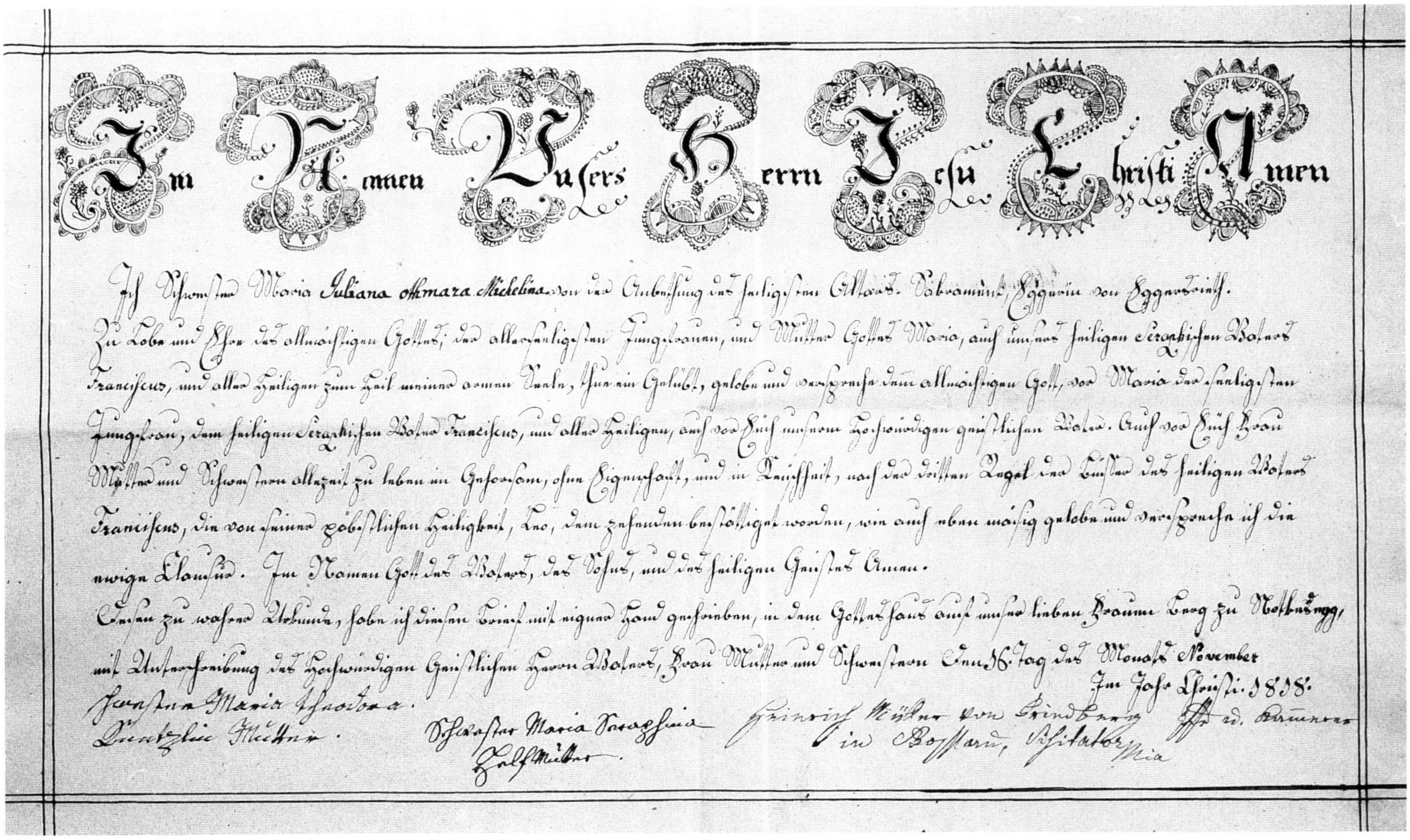
Im Namen Unsers Herrn Jesu Christi Amen

Professurkunde der Notkersegger Schwester Maria Juliana Othmara Michelina Egger von Eggersriet vom 16. November 1918. Klosterarchiv Notkersegg

Ewigen Anbetung in fast allen Klöstern des ehemaligen fürstsanktgallischen Gebietes gebracht. Es entsprach dies ganz der neuen Frömmigkeitsmentalität der Nachreformationszeit und der Barockzeit, die vor allem auf einer Verpersönlichung der Spiritualität beruhte, welche die Jesuiten und die anderen Reformorden vertraten. Auf Initiative des bekannten, aus dem Toggenburg gebürtigen Pfarrers Joseph Helg (1720–1787) entstanden neue Klöster, zunächst in Libingen, dann auch nach anfänglicher Schwierigkeit eines auf Berg Sion in der Gemeinde Gommiswald, das der Prämonstratenserobservanz folgte. Libingen musste schliesslich auf das ehemalige Schloss der Giel von Glattburg bzw. der Schenken von Castell, nämlich die Glattburg, verlegt werden. Hier galt die Benediktinerregel. Bis heute leben in den Klöstern der Ostschweiz volksbarocke Formen, sowohl der Devotion als auch des Alltags, weiter. Die Mischung einer festen Regel, zeitbedingter Frömmigkeitsformen und praktischer Aufgabenerfüllung hat die Ostschweizer Klöster über Jahrhunderte geprägt und hat sich im Grunde genommen nur peripher geändert. Sie stehen so heute noch in alten barocken Traditionen, die über Jahrhunderte in vielen Einzelheiten identisch geblieben sind. Allerdings hat das Zweite Vatikanische Konzil und sein Dekret über das Ordensleben beinah eine kopernikanische Wende markiert und unüberhörbar zu einer Neubesinnung und Anpassung an die veränderten sozialen und gesellschaftlichen Rahmenbedingungen aufgerufen.

Die Frauenklöster der Ostschweiz versuchen nicht nur bis heute, eine gemeinschaftliche und gesellschaftliche Aufgabe zu erfüllen, sondern sie bemühen sich auch gleichzeitig, das christliche Erbe und den Ruf Christi, ihm zu folgen, auf radikale und eindrückliche, zeichenhafte Weise zu verwirklichen, mit einem Engagement, das tagtäglich wieder neu eingegangen wird. Gewiss waren die Frauenklöster und ihr vermeintlich von keinem äusseren Zweck bestimmtes Wirken, ihre unter bestimmten Aspekten »unnütze« Existenz, manchem ein Dorn im Auge. Wie es eine Genfer Ausstellung im Musée d'Ethnographie vor kurzem formulierte, handelt es sich im Grunde genommen um eine Lebensform, die mit dem »Unnützen« des Kultes und auch der Kultur ganz allgemein in Verbindung gebracht werden kann. Der reine Utilitarismus und das Profit- und Renditedenken, welche die

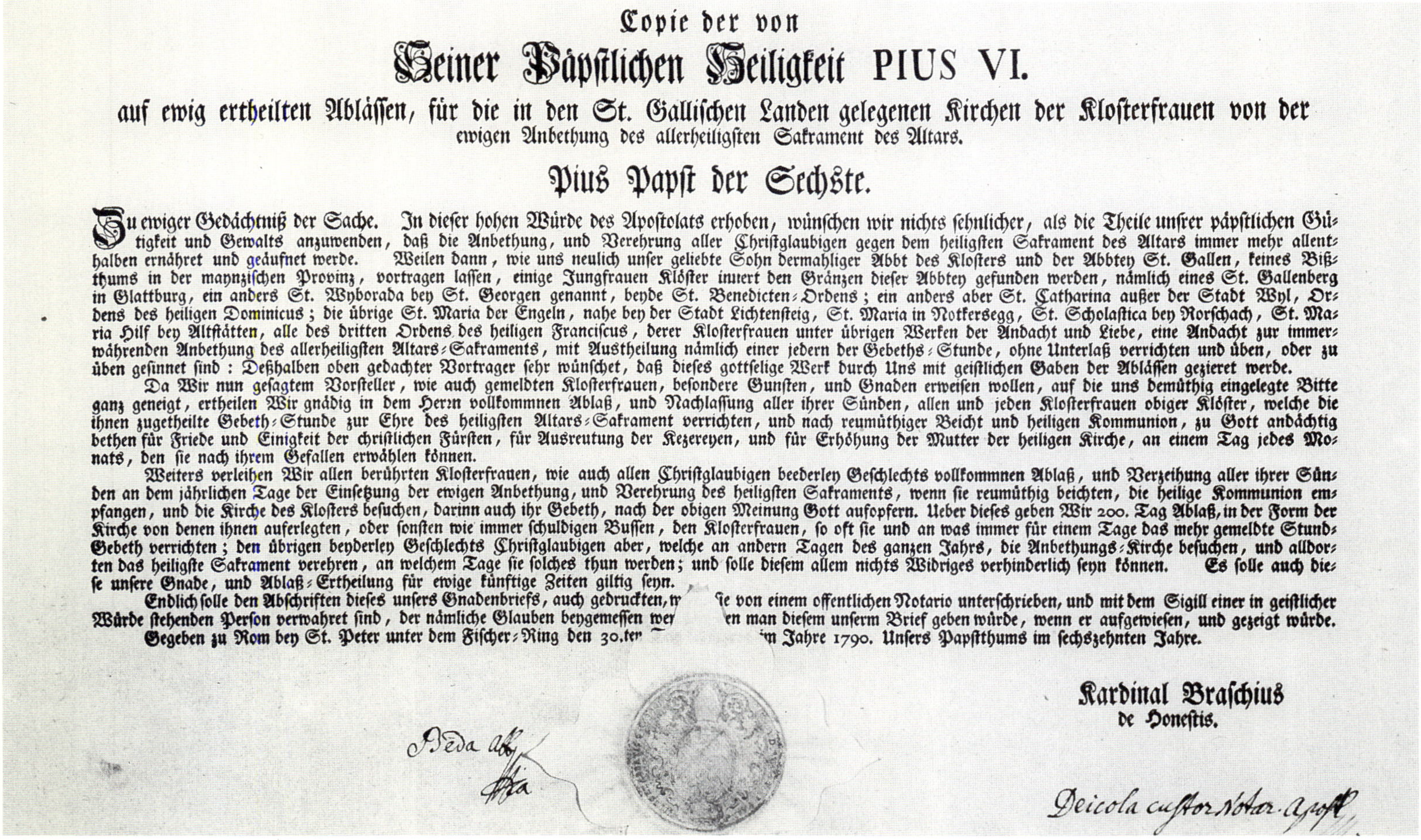

Copie der von

Seiner Päpstlichen Heiligkeit PIUS VI.

auf ewig ertheilten Ablässen, für die in den St. Gallischen Landen gelegenen Kirchen der Klosterfrauen von der ewigen Anbethung des allerheiligsten Sakrament des Altars.

Pius Papst der Sechste.

Zu ewiger Gedächtniß der Sache. In dieser hohen Würde des Apostolats erhoben, wünschen wir nichts sehnlicher, als die Theile unsrer päpstlichen Gütigkeit und Gewalts anzuwenden, daß die Anbethung, und Verehrung aller Christglaubigen gegen dem heiligsten Sakrament des Altars immer mehr allenthalben ernähret und geäufnet werde. Weilen dann, wie uns neulich unser geliebte Sohn dermahliger Abbt des Klosters und der Abbtey St. Gallen, keines Bißthums in der maynzischen Provinz, vortragen lassen, einige Jungfrauen Klöster innert den Gränzen dieser Abbtey gefunden werden, nämlich eines St. Gallenberg in Glattburg, ein anders St. Wyborada bey St. Georgen genannt, beyde St. Benedicten-Ordens; ein anders aber St. Catharina außer der Stadt Wyl, Ordens des heiligen Dominicus; die übrige St. Maria der Engeln, nahe bey der Stadt Lichtensteig, St. Maria in Notkersegg, St. Scholastica bey Rorschach, St. Maria Hilf bey Altstätten, alle des dritten Ordens des heiligen Franciscus, derer Klosterfrauen unter übrigen Werken der Andacht und Liebe, eine Andacht zur immerwährenden Anbethung des allerheiligsten Altars-Sakraments, mit Austheilung nämlich einer jedern der Gebeths-Stunde, ohne Unterlaß verrichten und üben, oder zu üben gesinnet sind: Deßhalben oben gedachter Vortrager sehr wünschet, daß dieses gottselige Werk durch Uns mit geistlichen Gaben der Ablässen gezieret werde.

Da Wir nun gesagtem Vorsteller, wie auch gemeldten Klosterfrauen, besondere Gunsten, und Gnaden erweisen wollen, auf die uns demüthig eingelegte Bitte ganz geneigt, ertheilen Wir gnädig in dem Herrn vollkommnen Ablaß, und Nachlassung aller ihrer Sünden, allen und jeden Klosterfrauen obiger Klöster, welche die ihnen zugetheilte Gebeth-Stunde zur Ehre des heiligsten Altars-Sakrament verrichten, und nach reumüthiger Beicht und heiligen Kommunion, zu Gott andächtig bethen für Friede und Einigkeit der christlichen Fürsten, für Ausreutung der Kezereyen, und für Erhöhung der Mutter der heiligen Kirche, an einem Tag jedes Monats, den sie nach ihrem Gefallen erwählen können.

Weiters verleihen Wir allen berührten Klosterfrauen, wie auch allen Christglaubigen beederley Geschlechts vollkommnen Ablaß, und Verzeihung aller ihrer Sünden an dem jährlichen Tage der Einsetzung der ewigen Anbethung, und Verehrung des heiligsten Sakraments, wenn sie reumüthig beichten, die heilige Kommunion empfangen, und die Kirche des Klosters besuchen, darinn auch ihr Gebeth, nach der obigen Meinung Gott aufopfern. Ueber dieses geben Wir 200. Tag Ablaß, in der Form der Kirche von denen ihnen auferlegten, oder sonsten wie immer schuldigen Bussen, den Klosterfrauen, so oft sie und an was immer für einem Tage das mehr gemeldte Stund-Gebeth verrichten; den übrigen beyderley Geschlechts Christglaubigen aber, welche an andern Tagen des ganzen Jahrs, die Anbethungs-Kirche besuchen, und alldorten das heiligste Sakrament verehren, an welchem Tage sie solches thun werden; und solle diesem allem nichts Widriges verhinderlich seyn können. Es solle auch diese unsere Gnade, und Ablaß-Ertheilung für ewige künftige Zeiten giltig seyn.

Endlich solle den Abschriften dieses unsers Gnadenbriefs, auch gedruckten, w[illegible]ie von einem offentlichen Notario unterschrieben, und mit dem Sigill einer in geistlicher Würde stehenden Person verwahret sind, der nämliche Glauben beygemessen wer[illegible]en man diesem unserm Brief geben würde, wenn er aufgewiesen, und gezeigt würde.

Gegeben zu Rom bey St. Peter unter dem Fischer-Ring den 30.ten [illegible] im Jahre 1790. Unsers Papstthums im sechszehnten Jahre.

Kardinal Braschius
de Honestis.

Päpstliches Ablassmandat für die stiftsanktgallischen Frauenklöster. St. Galler Klosterdruck. 1790. Stiftsarchiv St. Gallen.

moderne Wirtschaft lange Zeit grundlegend beherrscht und gewiss eindrückliche äussere Resultate erbracht haben, werden damit in Frage gestellt. Vielleicht verstehen wir dies heute in einer Zeit der Reaktion gegen die Vergeudung der Umweltressourcen, der skrupellosen Ausnützung der Natur und der wachsenden Arbeitslosigkeit infolge der Ersetzung des Menschen durch die Technik wieder besser, verstehen auch, dass Produzieren und Konsumieren nicht das einzige und alleinige Ziel menschlicher Existenz und menschlicher Gesellschaft sein können. Insofern bleibt die Botschaft der Schwestern in den Klöstern in einem gewissen Sinn aktuell, auch wenn die Lebensform in einigem historisch und vergangen ist. Es erstaunt daher, dass das Klosterleben, das im erwähnten Verständnis eine sinnvolle Aufgabe sein könnte, gerade heute in einer Krise steckt, dass es sich oft radikal in Frage stellt. Was dies zu bedeuten hat, wird der zukünftige Historiker zu werten haben, er wird auch den historischen Kontext dieser Erscheinung darzustellen haben. Auf jeden Fall ist die Situation geeignet, grundsätzliche Fragen zu stellen. Ob es eine Lösung und Antwort geben wird, die zu befriedigen vermag, muss offen bleiben.

Die vorliegende Publikation will das traditionelle Klosterleben und den klösterlichen Alltag in einer Bilddokumentation gegenwärtig machen. Es bietet sich uns gleichsam ein Blick durch die Zeit und die Zeiten an, ein Blick zurück und quer durch die Jahrhunderte, in der Form der Präsenz des Ungleichzeitigen, der Vergangenheit mit der Gegenwart. Und vielleicht auch ein Blick in die Zukunft. Die Verbindung von Alltag und Religion, Gebet und Arbeit, besonderer Aufgabe und Meditation lässt sich am Beispiel eines geschlossenen, klausurierten Klosters auf besonders eindrückliche Weise dokumentieren, dies auch im Sinne einer Hinterfragung des gewöhnlichen Alltags und seiner geistig-kulturellen Hintergründe. Es wurde darauf verzichtet, die alten Männerklöster, heute in der Ostschweiz vor allem Kapuzinerklöster, einzubeziehen. Benediktinerklöster existieren heute, mit Ausnahme der Neugründung von St. Otmarsberg in Uznach und des wiederbelebten Fischingen nicht mehr. Die ungebrochene historische Kontinuität kann nur im weiblichen Zweig dieses Ordens anschaulich gemacht werden.

Werner Vogler

DIE ALTEN KAPUZINERKLÖSTER DER OSTSCHWEIZ

Kapuzinerkloster Mariä Lichtmess, Appenzell

Als eines der ältesten schweizerischen Kapuzinerklöster entstand Appenzell bereits 1587. Der Grundstein wurde von P. Ludwig von Sachsen gelegt. Das Kloster erwarb sich wesentliche Verdienste um die Erhaltung des katholischen Glaubens in Innerrhoden. Bekannt ist Appenzell durch seine Mittelschule, die 1908 mit Unterstützung und auf Initiative von Appenzeller Bürgern entstand. Die Bauten dieses Kollegiums St. Antonius errichtete der Architekt August Hardegger in den Jahren 1907–1908. Auch in Appenzell betätigen sich die Patres in der Seelsorge der Pfarreien und in der Predigt, wozu auch Fastenpredigten gehören.

Kapuzinerkloster Mariä Heimsuchung, Rapperswil

Dieses im Jahre 1602 entstandene Kloster ist eines der wichtigsten Kapuzinerklöster in der Region Ostschweiz. Es besass eine wichtige Schlüsselstellung als Bollwerk des katholischen Glaubens auf dem nicht unbedeutenden Verbindungsweg zwischen der Innerschweiz und der stiftsanktgallischen Landschaft. Zudem grenzte Rapperswil an das reformierte zürcherische Gebiet. Weiter kam ihm wegen der strategisch günstigen Lage am Pilgerweg nach Einsiedeln besondere Bedeutung zu. An der Gründung war der Rat von Rapperswil beteiligt, wobei auch der Bischof von Konstanz als zuständiger Ordinarius sein Einverständnis geben musste. Zürich legte zunächst Einspruch gegen den Klosterbau ein, worauf die Baustelle verlegt werden musste. Die Kirche wurde 1607 eingeweiht. Rapperswil stand wie andere Klöster besonders in der Zeit der Helvetik in Gefahr, aufgehoben zu werden. Diese Aufhebung wurde 1799 durch das helvetische Direktorium beschlossen, jedoch in Wirklichkeit nicht vollzogen. Bereits durch die die Klöster betreffenden beiden Artikel von 1834 schienen neue Einschränkungen und neue Gefahren heraufzuziehen. Rapperswil ist bis heute in der Seelsorge tätig. Im 19. Jahrhundert wurde die Zürcher Diaspora in die Seelsorgetätigkeit der Rapperswiler Kapuziner einbezogen.

Das Kloster Appenzell.

Das Kloster Rapperswil.

Kapuzinerkloster St. Karl Borromäus, Mels

Am 3. November 1650 zogen drei Kapuziner nach Mels. Ein Jahr später begann man mit dem Bau des neuen Klosters. Es trug wesentlich zur Festigung des katholischen Glaubens im strategisch exponierten Sarganserland bei. Die Helvetik brachte Gefahren für die Weiterexistenz des Klosters. Neue Schwierigkeiten brachten die Jahre 1847/48. Das 19. Jahrhundert war teilweise bestimmt von Auseinandersetzungen mit dem Kanton St. Gallen. Bis heute leistet das Kapuzinerkloster Seelsorgedienste in der weiteren Region. Neben der ständigen Seelsorge durch Aushilfen und Fastenpredigten wurden auch weitere Tätigkeiten, etwa in Frauenklöstern, ausgeübt. Zudem kümmerten sich die Melser Kapuziner besonders um die Italiener und die Landwirte.

Kapuzinerkloster St. Anton von Padua, Wil

Dieses Kloster wurde im Gebiet der Abtei St. Gallen im Jahre 1653, also nach Mels, gegründet. Den St. Galler Äbten war die Seelsorge im konfessionell gemischten Toggenburg ein besonderes Anliegen. So war die Ansiedlung von Kapuzinern naheliegend. Die Gründung wurde durch eine Erbschaft von 8000 Gulden möglich, die Reichsvogt Georg Renner von Wil zu diesem Zweck vermachte. Deshalb wurde der Plan, im toggenburgischen Lichtensteig ein Kapuzinerkloster zu errichten, aufgegeben. Seit 1654 wirken Kapuziner in Wil. 1668 fand in Wil das 74. Provinzkapitel statt, das die Aufteilung in eine schweizerische und eine vorderösterreichische Provinz beschloss. Auch in Wil wurde der Dritte Orden der Franziskaner eingeführt wie auch in dessen Einzugsgebiet zahlreiche Drittordensgemeinden. Eine Gefährdung der Weiterexistenz brachte auch hier die Helvetik. Die Wiler Kapuziner waren vor allem in der Volksseelsorge tätig, nicht nur im Städtchen, sondern auch in der Umgebung, teilweise bis in die Kantone Thurgau und Zürich hinein. Zudem wirkten die Patres als Spirituale in Frauenklöstern. Es entstanden auch in ihrem Einzugsgebiet zahlreiche Drittordensgemeinden.

Das Kloster Mels.

Das Kloster Wil.

ALLTAG IN OSTSCHWEIZER FRAUENKLÖSTERN HEUTE

Die vorliegende Publikation stellt nicht nur den Alltag in alten Ostschweizer Frauenklöstern ins Zentrum, sondern bringt ihn auch bildlich zur Darstellung. Dies mit Absicht, da er dem Aussenstehenden verborgen ist und rätselhaft erscheinen mag. Nicht verwunderlich, wird er doch in den Klöstern um das Zentrum klösterlichen Lebens, den Gottesdienst, geordnet. Es kann natürlich nicht von einem Klosteralltag an sich gesprochen werden; jede Kommunität hat ihre besonderen Eigenheiten, auch wenn manche Klöster dem gleichen Orden zugehören. Dem Gottesdienst geben die Gebetszeiten eine genaue Struktur. Alles ist recht streng geregelt, auch wenn das Kirchenjahr und die Jahreszeiten immer wieder Abwechslung bringen. Strukturiert wird das Leben der einzelnen Schwester durch den Eintritt ins Kloster, die zeitlichen und die ewigen Gelübde, die kirchlichen Hochfeste und schliesslich durch den Tod. Eine Schwester, die den Schritt über die Klosterschwelle gewagt hat, ist sich bewusst, dass nun ein geregeltes Leben, im allgemeinen auch ein Leben in einem bestimmten, kleinen Bezirk, der durch die Klostermauern begrenzt wird, beginnt, wo die Zukunft in den engen und über-

DIE TAGESORDNUNG IM KLOSTER MARIA VOM GUTEN RAT, NOTKERSEGG BEI ST. GALLEN

Sonntags

6.00 Uhr	Tagwache	
6.30 Uhr	Angelus, feierliche Laudes, Terz	(Chorgebet)
7.00 Uhr	Betrachtung	
7.30 Uhr	Frühstück	
8.30 Uhr	Pfarrgottesdienst	
	Freie Zeit, Stillschweigen	
11.00 Uhr	Angelus	
11.15 Uhr	Sext und Non, gesungen	(Chorgebet)
11.30 Uhr	Mittagessen, stets mit Gespräch	
12.15 Uhr	Litanei	
	Freie Zeit (Es darf bis vor Beginn der Vesper gesprochen werden)	
13.30 Uhr	Gemeinsame Rekreation	
14.30 Uhr	Kaffee, freie Zeit	
17.00 Uhr	Feierliche Vesper, Segen	(Chorgebet)
17.30 Uhr	Lesehore	(Chorgebet)
17.50 Uhr	Nachtessen	
18.20 Uhr	Komplet	(Chorgebet)
18.30 Uhr	Feierabend, Nachtruhe, ab 20.00 Uhr grosses Stillschweigen	

Werktags

5.25 Uhr	Tagwache	
6.00 Uhr	Angelus, Laudes	(Chorgebet)
6.20 Uhr	Betrachtung	
6.50 Uhr	Terz	(Chorgebet)
7.00 Uhr	Hl. Messe mit Kommunion	
7.45 Uhr	Frühstück	
8.00 Uhr	Arbeit unter Stillschweigen	
11.30 Uhr	Angelus, Litanei	
11.40 Uhr	Mittagessen (an Namenstagen der Schwestern mit Gespräch)	
12.10 Uhr	Sext	
13.30 Uhr	Arbeit im Gespräch	
14.00 Uhr	Arbeit unter Stillschweigen	
15.00 Uhr	Non	(Chorgebet)
15.05 Uhr	Geistliche Lesung	
15.20 Uhr	Kaffee (Am Montag und Mittwoch mit Gespräch, auch während der Arbeit bis 16.30 Uhr)	
15.45 Uhr	Arbeit unter Stillschweigen	
18.00 Uhr	Vesper, Lesehore	(Chorgebet)
18.30 Uhr	Betrachtung	
19.00 Uhr	Nachtessen	
19.30 Uhr	Angelus, Komplet	(Chorgebet)
19.30 Uhr	Nachtruhe, ab 20.00 Uhr grosses Stillschweigen	

sehbaren Bereichen des Klosters sich abspielen wird, dass sie sich auf das Wesentliche konzentrieren muss, auf das Gebet, den Gottesdienst, die schwesterliche Gemeinschaft. Es ist ihr bewusst, dass jede materielle Tätigkeit sich in diesem auch geographisch streng abgetrennten Bereich abspielen wird. Dem Ruf Gottes folgend, ist die junge Ordensfrau nun in einen Rhythmus eingespannt, in dem Gebet und Arbeit sich ablösen, sich aber auch gegenseitig befruchten und anregen. Meditation und Stille sind ein wesentlicher Vorzug des klösterlichen Lebens. Doch darf nicht vergessen werden, dass Konzentration und Strenge auch Geborgenheit und Freiraum für Fröhlichkeit, Abwechslung und gemeinschaftlich Erlebtes bieten.

Und doch sind die heutigen klausurierten Frauenklöster nicht von der Welt abgeschnitten. Ein vielseitiger Kontakt besteht mit Verwandten, mit Bekannten und Freunden des Klosters, mit Leuten, die vielleicht zufällig dem Kloster einen Besuch abstatten. Nicht nur wollen die Klosterfrauen stellvertretend für die Menschen das Gebet und den Gottesdienst verrichten, sie wollen ihnen auch durch ihre Arbeit, soweit es kleinen Kommunitäten heute noch möglich ist, nützliche Dienste leisten. Diese Leistungen werden zwischen den Gebeten, die von frühmorgens bis spät abends die Arbeit der Schwestern unterbrechen, erbracht und stehen häufig in einem kirchlichen Zusammenhang, etwa das Backen von Hostien, die Pflege der Kirchenwäsche, das Herstellen von Kerzen. Gewiss kam diesen Arbeiten in früheren Zeiten teilweise ein viel wichtigerer Stellenwert zu, heute sind sie oft rationalisiert worden.

Zwar sind die Konvente – teils wegen Überalterung und kleiner Schwesternzahl – oft nicht mehr imstande, eine Vielzahl solcher Tätigkeiten zu übernehmen. Ihre erste Aufgabe ist die Erhaltung der Gemeinschaft, wobei immer noch eine relativ hohe Selbstversorgung der einzelnen Gemeinschaften zu konstatieren ist, auch wenn häufig die Klöster ihre ursprünglich in Eigenregie geführte Landwirtschaft verpachtet haben und nicht mehr selber bewirtschaften. Doch auch in solchen Fällen ist die Mithilfe der Klosterfrauen üblich.

Daneben haben die Klosterfrauen immer wieder auch sog. schöne Arbeiten oder Klosterarbeiten gepflegt, die augenfällig, wie etwa die Paramentenstickerei, eine Fortsetzung der Meditation und des Gebetes darstellten. Solche Arbeiten wurden in barocker Tradition noch im 19. Jahrhundert gepflegt, im 20. dann oft aus mannigfachen Gründen vernachlässigt. Um so erfreulicher ist es, dass solche Tätigkeiten in Einzelfällen noch heute nachzuweisen und zu dokumentieren sind.

Vor allem seit dem 19. Jahrhundert, sowohl von staatlicher Seite wie von gewissen Aufklärern, wurde von den Konventen eine gemeinnützige Alltagsarbeit gefordert. In diesem Sinne entstanden im 19. Jahrhundert verschiedene neue Tätigkeiten und Einrichtungen.

Eine wesentliche neue Aufgabe der Frauenklöster war oft die Schule. Heute stehen dafür die Institute des Dominikanerinnenklosters in Wil sowie des Zisterzienserinnenkonvents in Wurmsbach am oberen Zürichsee.

Diese Hinwendung zu gemeinnützigem Wirken fiel in eine Zeit der Wiedererstarkung der Konvente und stand im Gegensatz zu den Anfechtungen, welche die Idee des Klosterlebens oft von verschiedenster Seite erfuhr. Diese Zeiten der Defensive verstärkten im Grunde genommen die Wertschätzung des klösterlichen Lebens und der klösterlichen Existenz. Während im Barock oft, vielleicht auch später noch, die Politik der familiären Versorgung von Töchtern und Frauen eine gewisse Rolle spielte, fällt dieser Zusammenhang heute ausser Betracht. Auch hier haben wir einen Bruch mit der barocken Tradition.

Im Grunde genommen bedeutete das 16. Jahrhundert für fast alle Kommunitäten einen gewissen, wenn nicht gar totalen Neuanfang. Hier wurden aus Reformkräften innerhalb der katholischen Kirche, denen das Konzil von Trient (1545–1563) zum Durchbruch verhalf, neue Lebensformen erarbeitet und ausgebildet, die in ihrer alltäglichen Praxis bis in unsere Zeit überdauern sollten. Wenn auch mancher Wandel zu konstatieren ist, sind die Konstanten dieser Lebensform seit dem 16. Jahrhundert erstaunlich und beeindruckend. Es wurde zunächst eine Alltags- und Lebenskultur geschaffen, die nicht nur einen strengen Rahmen und ein Korsett darstellte, sondern auch der persönlichen Existenz der einzelnen Schwester viel Halt und Sicherheit gab. In diesem Rahmen konnte sie sich geborgen fühlen, konnte sie ihr Leben in vorgegebener Bahn erfüllen. Auch wenn eine Gemeinschaft Schwierigkeiten zu überwinden hatte, indem sie die Ideale nicht verwirklichen konnte, auch wenn kein Mitglied von Anfechtungen verschont blieb: im Klosteralltag schlummert eine Lebens- und Geisteskraft, die man immer wieder konstatiert. Die Alltagskultur im Kloster beeindruckt uns bis heute.

Wir benützen den Begriff »Kultur« bewusst in einem weiteren Sinn, so wie er in letzter Zeit immer wieder auch für andere gesellschaftliche Phänomene gebraucht wird. Es geht nicht in erster Linie um die Zeugnisse einer hohen Kultur, sondern um die Kultur des Zusammenlebens, die Kultur einer religiösen Gemeinschaft, die Kultur eines beispielhaft vorgelebten christlichen Lebens in beeindruckender Radikalität. Natürlich hat man diese Form auch in Frage gestellt, doch die Trostlosigkeit und Orientierungslosigkeit vieler Menschen relativiert solche Einwände. Dieses Buch will die Klosterkultur nicht verherrlichen, sondern sie dokumentieren, dem interessierten sensiblen Betrachter und Leser ihre Werte und Inhalte näherbringen. So eindrücklich in der Ostschweiz die häufig barocken Klosteranlagen auf dieses Phänomen, auf diese Lebensform, auf diese spezielle Frauen- und Klosterkultur hinweisen, ihr stilles, der Meditation gewidmetes Tun findet oft kaum Beachtung. In den Bauten selbst kreuzt sich die Epochengeschichte mit dem individuellen Schicksal des einzelnen Klosters. Offenbar waren die Frauenklöster flexibler und anpassungsfähiger und nicht von der Schwerfälligkeit mancher Reichsabteien. Sicher ein Grund, dass sie die Schwierigkeiten der Säkularisation nach der Französischen Revolution, die Umwälzungen des Kulturkampfs im 19. Jahrhundert und sogar die neuen Anfechtungen des 20. Jahrhunderts gemeistert und überlebt haben. Dies ist keine Garantie für die Zukunft. Doch das tatkräftige Wirken, die Zuversicht, die immer wieder aus dem Gespräch und der Begegnung mit Klosterfrauen und -vorsteherinnen strahlt, könnten ein Indiz dafür sein, dass auch in Zukunft der Anspruch dieser Lebensform mit dem gewandelten Lebensgefühl in Einklang gebracht werden kann. Der Alltag wird im Frauenkloster der Zukunft vielleicht ein wenig verändert sein, aber das Wesentliche wird nicht fehlen dürfen, wollen die Klöster ihrem Auftrag und ihrer Regel entsprechend weiterleben.

Leitlinie im Alltag ist die Regel, sei es nun jene des Heiligen Benedikt, Augustinus oder Franziskus. In der Ostschweiz haben wir es mit sog. geschlossenen Klöstern zu tun, deren Lebensformen in der spätantiken oder mittelalterlichen Epoche festgelegt wurden. Dabei ist indes die Kirchengeschichte nicht stehengeblieben. Neue religiöse Gemeinschaftsformen haben sich im Laufe der Jahrhunderte entwickelt; trotzdem haben auch die alten ihren Wert behalten, sind weiterhin, bis zum heutigen Tag, von manchen Frauen und Männern als für das eigene Leben gültig erachtet und übernommen worden.

In zahlreichen, oft unerwarteten Aspekten wird der klösterliche Alltag in diesem Buch vorgestellt, doch geht es trotz aller Unterschiede und Traditionen, die an den einzelnen Orten gepflegt werden, um dasselbe. Darum wurden auch die grossen Themen über die einzelne Kommunität hinaus zusammengefasst, etwa die Stufen individuellen klösterlichen Lebens einer Schwester, der Alltag vom frühen Morgen bis zum späten Abend, das Gebet, die Arbeit, die Rekreation, die Meditation, das Schweigen schliesslich, das in einer Photographie nicht direkt darzustellen, aber vielleicht doch indirekt auf einzelnen Bildern zu erspüren ist.

Klösterliches Leben muss und will ein Paradox sein, ein christliches Paradox, so verständlich es in einer christlichen Gesellschaft der Vergangenheit zumindest dem Anschein nach gewesen sein mag. Ein radikaler Bruch mit der Welt steht am Anfang, auch wenn die Welt am Schluss doch wieder ins Kloster zurückkehrt. In einer nachchristlichen Ära, wie man verkürzend die heutige Situation darstellen könnte, hat das klösterliche Leben eine veränderte Funktion der Zeugenschaft. Es muss von den Berufenen in anderer Weise gelebt und praktiziert werden. Die Feststellung ist wohl zutreffend, dass eine Epoche des Klosterlebens heute zu Ende geht, dass eine neue Epoche, deren Konturen oft noch nicht klar ersichtlich sind, Gestalt gewinnt, eine Gestalt, die eine spätere Generation verwirklichen, dokumentieren und überprüfen wird – auf ihre Nachvollziehbarkeit und ihren Sinn.

Werner Vogler

Berg Sion
Gommiswald

Das Prämonstratenserinnenkloster wurde erst 1761 gegründet. An seiner Stelle erstand zunächst auf dem Weg nach Einsiedeln eine der 41 Loreto-Kapellen der Schweiz. Kurz nach dem Bau dieser Kapelle entstand das Frauenkloster auf Betreiben von Joseph Helg (1720–1787). Die Örtlichkeit der Klostergründung war das Buchholz in der Gemeinde Gommiswald. Schwyz ermöglichte 1761 die Klostergründung, die 1762 auch der Churer Bischof billigte. Seit 1766 wurde das Kloster besiedelt, und zwar durch Tertiarinnen des Prämonstratenserinnenklosters Schussenried. Im Zentrum des klösterlichen Lebens stand auch hier die von Pfarrer Helg geförderte Ewige Anbetung. Der rührige Helg erschwerte jedoch das Gedeihen des Klosters durch neue Gründungen, die von Berg Sion ausgingen, nämlich von Schloss Tabor im badischen Jestetten bei Thiengen und eine Niederlassung in Rom. Diese konnten sich jedoch längerfristig nicht halten. Mit Unterstützung aus Schussenried und durch den Churer Bischof gelang es, die finanziell und materiell schwierigen Zeiten zu überstehen. Auch die Schwestern von Berg Sion hätten sich im 19. Jahrhundert gemeinnützigen Aufgaben widmen sollen, was jedoch durch die Zahlung einer Geldsumme umgangen wurde. Seit 1887 wird im Sommer ein Kurhaus für Gäste geführt. Seit dem 19. Jahrhundert untersteht das Kloster der Jurisdiktion des St. Galler Bischofs.

M. Johanna
30

Maria Rosengarten Wonnenstein

1381 wurden Waldschwestern vom St. Galler Abt Kuno von Stoffeln mit einer Hofstatt beschenkt. Seit der ersten Hälfte des 15. Jahrhunderts unterstand die Gemeinschaft den oberdeutschen Franziskanern. Die Reformation sah die Aufhebung des Klosters im Jahre 1529 vor. Doch bald kehrten die Schwestern, mit Unterstützung des Appenzeller Rates, der sich mit den inneren Angelegenheiten des Klosters beschäftigte, wieder zurück. Auch hier musste 1596 die Pfanneregger Reform eingeführt werden. Das Kloster gelangte dann unter die Visitation von St. Gallen, die jedoch 1607 wieder rückgängig gemacht wurde. In der Folge, 1615, sah der Bischof von Konstanz zum Rechten. Der blühende Konvent konnte im 17. Jahrhundert sogar Frauen zur Gründung des Klosters Appenzell entsenden. Wirtschaftliche Schwierigkeiten plagten das Kloster im 18. Jahrhundert. Die Ewige Anbetung pflegte man seit 1771/72. Zu Beginn des 19. Jahrhunderts wurde eine bereits früher bestehende Mädchenschule für kurze Zeit wieder eröffnet, die jedoch nur bis 1818 überleben konnte. Später, seit 1885, pflegte man die Kunststickerei. Bekannt ist auch die Klosterapotheke, seit 1924 offiziell staatlich anerkannt. Einen entscheidenden Einschnitt in der Geschichte bedeutete die Landesteilung zwischen Ausser- und Innerrhoden im Jahre 1597, wobei die in der ausserrhodischen Gemeinde Teufen liegenden Gebäude des Klosters bei Innerrhoden verbleiben konnten. So ergibt sich bis heute die paradoxe Situation, dass das Land innerhalb der Klostermauern innerrhodisch ist, der klösterliche Boden ausserhalb der Mauern aber ausserrhodisch.

Mariazell Wurmsbach

Das Zisterzienserinnenkloster Wurmsbach ist eine Stiftung von Graf Rudolf IV. von Rapperswil und seiner Gemahlin Mechtild von Neiffen. Ursprünglich stand an der Stelle des Klosters eine Burg. Graf Rudolf vergabte das Kloster am 12. Oktober 1259. Inkorporiert wurde es 1261 dem Zisterzienserorden, und zwar erstaunlicherweise auf Bitten von Abt Berchtold von St. Gallen. Zunächst unterstand es der Abtei Lützel im Elsass. Die Bestätigung erfolgte 1262 durch Papst Urban IV. Offenbar stand das Kloster auch politisch in hohem Ansehen, sind doch am 1. Juli 1264 die Klosterfrauen von Wurmsbach als Mitbürgerinnen der Stadt Zürich genannt. 1267 wurde das Kloster mit dem vom Onkel des Stifters gegründeten Prämonstratenserinnenkloster Oberbollingen vereinigt. Wurmsbach stand ab 1266 in Verbindung zur Vaterabtei St. Urban, der Tochterabtei Lützels. Später gingen deren Rechte an Wettingen über, im Sinne der typischen Verbindung der Zisterzienserinnenklöster zu gewissen Vaterklöstern. Doch das Datum dafür kann nicht ausgemacht werden. Immerhin geschah dies noch im 13. Jahrhundert. Seit dem 15. Jahrhundert ist das Schicksal von Wurmsbach eng mit dem von Rapperswil verbunden, welche Stadt den Pfleger stellte und oft auch als Landesherr auftrat. Wurmsbach hatte sich immer wieder gegen diese Ansprüche zu wehren.

1443 oder 1444 brannte das Kloster nieder. Im Konvent waren manche Töchter aus Zürich zu finden. Die im Ersten Villmergerkrieg geraubten Urkunden kehrten erst 1781 wieder ins Kloster zurück. 1798 mussten die Klosterfrauen fliehen. Der neugegründete Kanton St. Gallen restituierte Wurmsbach 1803. 1843 eröffnete man ein kleines Töchterinstitut. Lange Zeit führte Wurmsbach auch eine eigene Landwirtschaft, wobei es sich indes nicht um ein an Landbesitz besonders reiches Kloster handelte. Kurz nach dem Zweiten Weltkrieg konnte die Landwirtschaft saniert werden. Ein neuer Aufschwung der Schule wirkte sich überaus positiv aus.

Wurmsbach war bis gegen 1400 ein Adelskloster, nachher überwogen entsprechend den allgemeinen Verhältnissen die bürgerlichen Schwestern. Im 19. Jahrhundert war die Zahl der Klosterfrauen zeitweise auf 20 beschränkt. Zu Beginn unseres Jahrhunderts wuchs sie dann auf 65 an.

Ut in
Omnibus
Glorificetur
Deus.
S. Reg. 57.

SANKT OTTILIA GRIMMENSTEIN BEI WALZENHAUSEN

Diese Gründung geht wie andere auf eine Gemeinschaft von Waldschwestern, die sich 1378 auf der Hofstatt Äschach bei der Burg Grimmenstein niederliess, zurück. Diese befolgte die franziskanische Dritte Ordensregel. Bereits vor 1400 bezogen die Schwestern einen neuen Wohnsitz in der Talmulde des Unterhirschbergs, wobei Abt Kuno von Stoffeln dort ein kleines Kloster erbauen liess. 1424 bekamen sie dann auch eine Hofstatt, ein Gut. Die Pfanneregger Reform wurde 1602–1604 von Wonnensteiner Schwestern eingeführt. Bereits 1613 kam es zur Gründung des Klosters Appenzell, und zwar mit vier Schwestern aus Wonnenstein und fünf aus Grimmenstein. Natürlich spielten in der Neuzeit gelegentlich Schwierigkeiten mit dem reformierten Ausserrhoden eine Rolle, von dessen Gebiet das Kloster rings umgeben war. Man traf 1668 die Regelung, dass der sogenannte »Infang« des Klosters Ausserrhoden gehöre. 1628/29 ereilte die Pest den Konvent und raffte acht Schwestern hinweg. Im 1712er Krieg mussten die Schwestern nach Bregenz ausweichen. Mehrfach kam es auch zu – gewiss wohlgemeinten – Eingriffen der Innerrhoder. Grimmenstein konnte die Französische Revolution und den Untergang der Alten Eidgenossenschaft schliesslich überstehen. Immer wieder musste sich das Kloster, wie erwähnt, gegen Ausserrhoden wehren. Schliesslich wurde es jedoch 1817 politisch Innerrhoden unterstellt. Der Kirchengüter wegen, versuchte 1868 die Kirchhöre Walzenhausen, die territoriale Herrschaft über das Kloster zu übernehmen. Es gelang jedoch nicht, die Landeshoheit an Ausserrhoden zu übertragen. Eine Gruppe von Klosterfrauen wanderte 1892 nach Nevada aus, wo der Convent of St. Francis entstand. Gemeinsam mit den Franziskanerinnenklöstern der Ostschweiz schloss sich Grimmenstein 1968 der Föderation St. Clara an. Trotzdem blieb die Selbständigkeit der einzelnen Klöster weitgehend erhalten.

LEIDEN CHRISTI GONTEN

Dieses jüngere Kloster wurde erst 1851 durch die Luzernerin Rosa Bättig aus Wettiswil gegründet, die 1848 in Wonnenstein ihr Klosterleben begonnen hatte. Ihre stark mystische Prägung führte zum Verlangen, ein neues Kloster des Kostbaren Blutes Christi zu gründen. Bereits früher war eine entsprechende Gemeinschaft in Steinerberg bei Schwyz entstanden. 1851 erwarb man die Liegenschaft Sägenweidli bei Gonten. Seit Ostern 1851 wohnte auch Rosa Bättig dort. Das Kloster entstand 1852–54. Immer stand das Klösterlein noch in Beziehung zu Wonnenstein, von dem es 1918 abgelöst wurde. Die Schwestern führen ein Ferienheim, St. Ottilien.

SANKT KATHARINA WIL

Die beiden Stadtsanktgaller Ulrich Blarer und Berchtold Kuchimeister vermachten bereits 1228 eine Hofstatt am Brühl in St. Gallen einer Gruppe von Beginen als Wohnsitz. Die Augustinerregel wurde 1266 übernommen, was mit der Einführung einer strengeren Lebensweise und eines gemeinsamen Chorgebets verbunden war. 1368 erhielt das Kloster eine eigene Kirche mit Friedhof. Kirchlich stand die Gemeinschaft unter dem Bischof von Konstanz. Geistlich und wissenschaftlich instruiert wurde sie durch Dominikanerbrüder. Das Kloster spielte im Rahmen der aufstrebenden spätmittelalterlichen Stadt St. Gallen eine nicht unbedeutende geistig-geistliche Rolle. Kurz vor 1500 wurde die Klausur wieder streng durchgeführt. In der Folge blühte das Skriptorium, die klösterliche Schreibschule, deren Produkte heute noch in der Stiftsbibliothek St. Gallen und zum Teil in der Wiler Klosterbibliothek liegen. Verbindungen bestanden auch mit dem Reformzentrum des Katharinenklosters in Nürnberg. Abt Bernhard Müller (1594–1630) ermöglichte einen Umzug der dominikanischen Klostergemeinschaft aus der reformierten Stadt St. Gallen nach Wil, der 1607 durchgeführt wurde. Bereits zwei Jahre zuvor hatte man das Fundament zum neuen Kloster gelegt. In Wil hatte zuvor bereits eine kleine Schwesterngemeinschaft bestanden, die bald einmal mit den Zuzügerinnen der St. Galler Gemeinschaft vereinigt wurde. Im Toggenburgerkrieg von 1712 mussten die Schwestern das Kloster verlassen. Bereits zur Zeit der Gründung des Kantons St. Gallen wurde die Wiler Mädchenschule von den Klosterfrauen übernommen, deren Führung eine gemeinnützige Tätigkeit darstellte. Allerdings wollte die St. Galler Regierung diese Aktivität zunächst nicht akzeptieren. Mit dem Unterricht wurde 1809 begonnen. Im Lauf der Jahrzehnte wurde die Schule durch neue Abteilungen erweitert, etwa eine solche für Minderbegabte sowie eine für hauswirtschaftliche und gewerbliche Fortbildung. Seit 1845 wurde zudem eine Mädchensekundarschule für die Wiler Töchter geführt. Das Breviergebet verrichtete der Konvent seit 1883 wieder. Zuvor hatte man fast 100 Jahre die Ewige Anbetung gepflegt. 1905 trat das Kloster vom strengen Zweiten in den Dritten Orden über, um die Erfüllung der schulischen Aufgaben zu erleichtern. Indes blieb die Klausurvorschrift bestehen, die 1931 genau geregelt wurde.

Maria der Engel
Appenzell

Dieses Kapuzinerkloster ist eine nachreformatorische Gründung, obwohl es auch in Appenzell eine alte Klause (»Klos«) gab. P. Ludwig von Sachsen, der Begründer der Kapuzinerinnen-Reform von Pfanneregg, wollte diese Klause 1589 regenerieren. Zur Klostergründung kam es jedoch erst 1613. In einem konfiszierten Patriziersitz, dem sogenannten Schloss im Süden des Ortes, wurde das Kloster eingerichtet. Mit dem Bau der Kirche im Stil und Grundriss der Kapuziner wurde 1618 begonnen. Auch hier spielten Chorgebet, Meditation und die stille Ewige Anbetung eine zentrale Rolle. Durch das textile Gewerbe war der Lebensunterhalt gesichert. Ausserdem wurden Wachskerzen, Votive, Agnus Dei, Backwerk und auch Medikamente hergestellt. Die Schwestern besorgten auch Kirchenwäsche. Lange Zeit waren sie zudem in der Landwirtschaft tätig. Eine Spezialität war seit 1836 die Herstellung der Kränze für die Appenzeller Viehschau.

SANKT SCHOLASTIKA TÜBACH

Am Übergang über die Steinach beim sogenannten Nonnensteg war schon um 1250 eine Waldschwesternklause entstanden. Im 15. Jahrhundert bezog dann eine Barfüsserschwester aus Tübach die Klause. Eine Drittordensgemeinschaft entwickelte sich später. Die Schwestern hatten ihren Wohnsitz im Steinachtobel. Auch hier wurde nach der Reformation zu Beginn des 17. Jahrhunderts die Pfaneregger Reform eingeführt. Bei Rorschach entstand nach 1615 ein Neubau. Unter der Leitung von Helena Lindenmann aus Rorschach erlebte das Kloster einen langsamen Neuaufschwung bzw. eine Neugründung. Die Klöster spielten im 16. Jahrhundert bei den Reformbestrebungen der Äbte in ihren Untertanengebieten eine wichtige Rolle als Stützpunkte dieser Bemühungen. Eine entscheidende Etappe der inneren Verfassungsgeschichte in dieser Zeit war 1610 die Übertragung der vollen Jurisdiktionsrechte über die Frauenklöster an den Abt von St. Gallen. 1727 wurde die Klausur verschärft, 1786 die Ewige Anbetung eingeführt. Nach den Schwierigkeiten von 1800 konnte sich das Kloster wieder erholen. Wegen der nahen Lage des Bahnhofs wurde es zu Beginn des 20. Jahrhunderts nach Tübach verlegt, wo das neue Kloster 1905 geweiht wurde. Wie alle ostschweizerischen Kapuzinerinnenklöster ist auch St. Scholastika der Confoederatio St. Clara angeschlossen.

Maria der Engel
Wattwil

Diese Gemeinschaft – Waldschwestern, später Kapuzinerinnen – lebte ursprünglich im Hüenersedel unweit vom Schloss Iberg bei Wattwil, dann auf Pfanneregg, ebenfalls bei Wattwil gelegen. Auch hier wirkte Abt Kuno von Stoffeln fördernd, indem er 1411 eine Ordnung einführte. Um 1450 befolgten die Schwestern wohl die Dritte Regel des heiligen Franziskus. Nach der Erschütterung der Reformation stand man einer neuen Situation gegenüber, indem das Toggenburg weitgehend reformiert worden war. Dank der intensiven Tätigkeit des Kapuziners P. Ludwig von Sachsen konnten die Verhältnisse schon vor 1600 saniert werden. Pfanneregg wurde zum Zentrum und Ausgangspunkt der Reformbewegung, die sich fast über die ganze Schweiz und darüber hinaus ausbreitete. Die Pfanneregger Regel ist noch weitherum in der alten und neuen Welt in Übung. Nach dem Brand von 1620 wurde das Kloster auf die Wenkenrüti bei Wattwil verlegt. Kurze Zeit hielt sich der Konvent auf Schloss Iberg auf. 1621 stand jedoch bereits das neue Kloster bereit. Die heute noch bestehende Kirche wurde 1622 geweiht. Die strenge Klausur wurde erst 1726 eingeführt, seit 1771 pflegt man die Ewige Anbetung.

Maria vom Guten Rat
Notkersegg St. Gallen

Drei Tablater Bauern stifteten am 17. August 1381 drei Frauen eine Wohnstätte für ihr Leben als Beginen, was Abt Kuno von Stoffeln 1396 bestätigte. Das Kloster stand zunächst im Tann. Im 17. Jahrhundert wurden die feierlichen Gelübde eingeführt, dies im Zusammenhang mit der seit 1602 durchgeführten Pfanneregger Reform. Von nun an war das Kloster dem Kapuzinerinnenorden zugehörig. Gleichzeitig stand es kirchenrechtlich unter dem Benediktinerkloster St. Gallen. Dieses Zusammenwirken und diese Symbiose prägten den Geist des Hauses für die nächsten Jahrhunderte. In den 1660er Jahren wurde ein Neubau am Harzbüchel auf Wiesen, am heutigen Standort errichtet, der 1669 benediziert und 1671 geweiht wurde. Ein Brand suchte das Kloster am 23. August 1718 heim, wobei nur das freistehende Gästehaus erhalten blieb. Bereits 1720 war jedoch der Wiederaufbau vollendet. Die Klausur wurde erst 1727 eingeführt. Dadurch wurde die Klostermauer notwendig. Aufgrund der Bestrebungen von Pfarrer Joseph Helg wurde 1776 die Ewige Anbetung eingeführt, das lateinische Brevier hatte man indes schon seit 1670 gepflegt, das mitternächtliche Stundengebet seit 1677. Nach den Schwierigkeiten der Wende zum 19. Jahrhundert konnte das Kloster einen neuen Aufschwung erleben.

Mariahilf
Altstätten

In Altstätten entstand, wie anderswo, im 13. Jahrhundert bei der Pfarrkirche eine Beginensammnung. 1522 wurde sie ein franziskanisches Tertiarinnenkloster. 1600 übernahmen die Schwestern die Pfanneregger Reform. 1616 wurde die neue Klosterkirche eingeweiht. Altstätten gehörte zur oberdeutschen Barfüsserprovinz, dies bis 1610, damals ging es in die Jurisdiktion der Äbte von St. Gallen über. Erst unter Abt Joseph von Rudolphi wurde nach Verbesserung der baulichen Infrastruktur die tridentinische Klausur eingeführt, und zwar durch Schwestern aus Notkersegg. Die Ewige Anbetung pflegte man seit 1736. Mächtigen Auftrieb erhielt die Ewige Anbetung durch den St. Galler Offizial Pater Iso Walser (1722–1800). Beim Einmarsch der Franzosen mussten 18 Klosterfrauen über den Rhein fliehen. 1888 wurde eine Filiale in Ecuador gegründet, die schliesslich auch eine Niederlassung in Cartagena in Kolumbien errichtete. Im 19. Jahrhundert wurde eine Mädchen- und Arbeitsschule eingerichtet. Die Schule musste jedoch 1970, da nicht mehr genügend Schwestern dafür zur Verfügung standen, schliessen.

SANKT GALLUS UND OTMAR

GLATTBURG

Pfarrer Joseph Helg (1720–1787), aus Lenggenwil gebürtig, baute kurz nach der Mitte des 18. Jahrhunderts an seine Pfarrkirche Libingen ein Frauenkloster der Benediktinerinnen an, welche die Ewige Anbetung pflegen sollten. Fünf Frauen begannen 1754 mit dem Klosterleben. Es dauerte bis 1760, bis Abt Cölestin Gugger von Staudach die Errichtung dieses Klosters genehmigte und zwei Benediktinerinnen aus dem Kloster St. Wiborada in St. Gallen-St. Georgen nach Libingen schickte. Da die hygienischen und sanitären Verhältnisse jedoch nicht ideal waren, zogen die Schwestern am 17./18. November 1781 auf das dem Kloster St. Gallen gehörende Schloss Glattburg über der Thur, das für den neuen Zweck umgebaut wurde. Nach der Französischen Revolution konnte aufgrund der Mediationsverfassung das Kloster 1803 restituiert werden. Glattburg wurde am 10. Januar 1984 zur Abtei erhoben.

MARIA ZUFLUCHT
WEESEN

Weesen ist eines der frühesten Dominikanerinnenklöster des weiteren Ostschweizer Raums, das seit 1256 unter dem besonderen Schutz des Dominikanerbischofs Heinrich von Montfort von Chur stand. 1261 nennt eine Urkunde die Samnung Weesen. Nur 50 Jahre zuvor war in Frankreich das erste Frauenkloster des Dominikanerordens gegründet worden. Weesen war ein nicht unwichtiger Stützpunkt der Habsburger; in der Zeit Rudolfs von Habsburg entstand auch dieses Kloster. 1388 wurde Weesen im Zusammenhang der Auseinandersetzungen zwischen Österreichern und Eidgenossen eingeäschert. 1392 erscheint das Kloster unter dem Namen »St. Verena in den Wyden«, wobei »Widen in Salicis« bereits im Reichsgutsurbar von ca. 843 erscheint. Nach der Reformation konnte sich die Kommunität offenbar rasch erholen, berichtet doch der Visitationsbericht von 1639 Positives. Im 17./18. Jahrhundert wurde sie durch die Kapuziner von Näfels aus geistlich betreut. Eine erste Profess konnte nach dem Untergang der Alten Eidgenossenschaft 1808 wieder abgelegt werden. 1688/90 wurde die neue barocke Klosterkirche erbaut. Die Klausur wurde im 19. Jahrhundert verschärft. 1906 bezogen die beiden letzten Schwestern des aufgehobenen Klosters St. Katharinental bei Diessenhofen Aufenthalt am Walensee. In diesem Zusammenhang kamen auch manche Kunstschätze aus dem reichen Oberrheinkloster nach Weesen.

MAGDENAU

1228 wurde von den Stadtsanktgallern Berchtold Kuchimeister und Ulrich Blarer eine Beginenstiftung auf dem Brühl bei St. Gallen gegründet. Um dem Lärm und den Schwierigkeiten mit der Stadt zu entgehen, zogen die Schwestern mit Unterstützung des Abtes von St. Gallen am 3. April 1244 nach Magdenau. Die Stiftung wurde durch den St. Galler Ministerialen Rudolf Giel von Glattburg und seine Frau Gertrud ermöglicht. Die Erlaubnis zur Übernahme der Benediktinerregel und der Satzungen der Zisterzienser erhielt das Kloster am 17. Juli 1244 von Bischof Heinrich von Konstanz. Die Äbte von Salem (Baden) und Pairis (Elsass) trafen 1247 zur Inspektion ein. Die Inkorporation geschah wohl bereits kurz vor 1250. 1261 wurden Magdenau und Wurmsbach als Tochterklöster von Wettingen bezeichnet. Die endgültige Inkorporation bedeutete die Ernennung der Meisterin zur Äbtissin. Magdenau war im Prinzip ein adliges Kloster, wo vor allem Vertreterinnen des Ministerialadels die Leitung innehatten. Der soziale Wandel zeigte sich auch hier insofern, als seit dem 14. Jahrhundert Bürgerstöchter aus den Städten Konstanz, Wil und Rapperswil in den klösterlichen Reihen vertreten waren. Der Klosterhof wurde weitgehend von Konversinnen und Dienstboten bewirtschaftet. Magdenau war kein reiches Kloster, auch wenn es die Äbte von St. Gallen und der Reichenau wiederholt mit Gütern dotierten. Einen tiefen Einschnitt bedeutete die Reformation. Damals wurde ein Vogt eingesetzt. Nach 1533 konnte die Abtei restituiert werden. Wie auch in den Benediktinerklöstern lag indes manches lange Zeit disziplinarisch im Argen. Im Laufe der Neuzeit konsolidierten sich die Verhältnisse. Durch den Untergang der Alten Eidgenossenschaft wurde die Abtei sehr schwer bedrängt, die Gerichtsherrschaft der Äbtissin entfiel. In der ersten Hälfte des 19. Jahrhunderts musste der grösste Teil der Güter veräussert werden.

EIN GANG DURCHS KLOSTER – KUNST HINTER KLAUSURMAUERN

Das Bild des heutigen Abendlandes ist von 1200 Jahren Klosterkultur wesentlich mitgeprägt worden. Christliche Klöster haben Glauben, Wissen und Geschichte überliefert und ein Kunstgut bewahrt, das uns moderne Wegwerfgesellschaft immer mehr in Staunen versetzt. Dabei wissen wir auch um die gewaltigen Verluste im Kunstdenkmälerbestand, welche Bilderstürme, Brände und Säkularisationen verursacht haben.

Wie alles Geschaffene ist auch die Kunst dem Zeitgeist, der Vergänglichkeit und schliesslich der Zerstörung ausgesetzt. Panta rhei – alles fliesst. Nur wo geeignete Gefässe den Fluss aufhalten, hat die Kultur eine Überlebenschance, hat die Vergangenheit eine Zukunft, sei es der Silberschatz in der Geborgenheit einer Grabkammer, das Fresko im Schutze einer Tünche oder der Kirchengrundriss im Dornröschenschlaf der Erde. In Glücksfällen gilt dies auch für Archive, die eine Art geschichtlicher Rückversicherung waren und sind. Und die Museen? Die Museen sind Auffangstellen für »fliegendes« Kunstgut, wertvolle Dokumentationszentren und nicht mehr wegzudenkende Bildungsstätten. Aber sie haben die Kunst aus zweiter Hand übernommen und neu »interpretiert«. Gewachsene Kulturüberlieferung ist selten geworden, vor allem im privaten Bereich. Selbst in den Kirchen ist sie nicht mehr gewährleistet. Sakrale Gebäude und Ausstattung unterstehen einem ständigen Wandel, Sakristeien werden ausgekramt, nicht mehr Gebrauchtes landet im Trödlerladen oder auf dem Schutt. Aus dem Auge aus dem Sinn.

KLAUSUR

Dieses Phänomen der Säuberung und der liturgischen «Aktualisierung« hat auch vor geschlossenen Frauenklöstern im Bistum St. Gallen nicht Halt gemacht. Ecclesia semper renovanda – die Kirche muss sich erneuern, äusserlich und innerlich. Man mag bedauern, dass auch Klosterkirchen vor Verlust nicht gefeit waren. Aber Nonnen werfen selten etwas fort. Sie haben liebevoll verpackt, aufbewahrt, in den Estrich gestellt oder auch in die Privatsphäre des Klosters zurückgenommen. Gerade das lange geschmähte 19. Jahrhundert hat in der Klausur ein Refugium gefunden. Hier eine Lourdesmadonna, dort ein Herz-Jesu. Oft brennt ein Lämplein davor, Zeichen der Verehrung. Ja, die Klöster zehren noch stark von jenem Jahrhundert, das sie in der Existenz gefährdete, aber gleichzeitig auch stärkte. Gerade im jungen Bistum St. Gallen ist eine innere Blüte festzustellen, welche nicht so sehr in kulturellen Leistungen, sondern in der Pflege der Frömmigkeit, der Liturgie, des Chorgebets, kurz in der Klostertradition zum Ausdruck kommt. In einem Klima der Abgeschiedenheit und des Selbstgenügens, wo die Klausur strengstens gehütet wurde, entwickelte sich eine Klosteratmosphäre, die bis heute eine eigentümliche Faszination auf die Welt »draussen« ausübt. Die Klöster waren (und sind es zum Teil heute noch) von einem Schleier des Geheimnisses umgeben. Ein Gefühl der Ehrfurcht und Wehmut beschleicht uns, wenn im Dämmer einer Klosterkirche die dünnen Stimmen des Chorgesangs oder der Ewigen Anbetung ertönen. Da rührt uns eine andere, gleichsam entrückte Welt an, die wir gerne kennen lernen möchten. Mit klopfendem Herzen ziehen wir am Glöcklein der Klosterpforte, das wie ein Flehen in das Innere des Klosters dringt. Zuerst herrscht Stille, dann nähern sich Schritte, werden immer deutlicher vernehmbar, und plötzlich wird der Schieber am Gitterfensterchen betätigt und ein Nonnengesicht erscheint in der Öffnung. Neugierige Augen, ein Lächeln, ein Grusswort und schliesslich die Frage nach unserm Begehr. Ein Gebetsanliegen wird vorgebracht, ein Kummer ausgebreitet, vielleicht auch nur der Wunsch nach Kräpfli, nach Klosterhonig. Geritzte Zeichen und Zinken an Türe und Rahmen lassen erahnen, dass Bettler, Hausierer und Landstreicher auch zu den Gästen an der Pforte gehören... Und dann das Knarren der Trülle, jenes zylindrischen, einseitig offenen Gehäuses neben der Türe, in welches das Gewünschte zu liegen kommt, wie mit Zauberhand die Klausur verlässt und vor unseren Augen erscheint.

Bis zum Zweiten Vatikanischen Konzil waren die Frauenklöster mit sogenannt päpstlicher Klausur wirklich vollständig geschlossen. Wer keinen zwingenden Grund hatte, etwa einen Spitalaufenthalt, kam zeitlebens nie aus den Klostermauern heraus. Andererseits hatten gewöhnliche Laien wenig Chance, je die Klausur zu betreten. Diese Ausschliesslichkeit hat sich mittlerweile gemildert. Es ist keine Seltenheit mehr, eine Nonne auf Einkaufstour, im Zug, beim Arzt oder sogar am Steuer eines Autos zu sehen. Umgekehrt ist die Möglichkeit geboten – nicht zuletzt für Kunsthistoriker – die Klöster von innen kennenzulernen. Da werden die Augen gross.

SPUREN INS MITTELALTER

Welche Schätze werden hier gehütet: Bildwerke, Gemälde und Kunstgewerbe. In einigen Klöstern haben sich wichtige, meist aber zugewanderte Einzelstücke aus dem Mittelalter erhalten.

Der zeitliche Primat gehört zweifellos den karolingischen Flechtwerkplatten am Altar der Hallenkrypta im 1811 aufgehobenen Damenstift Schänis, die ins frühe 9. Jahrhundert, das heisst in die Zeit des St. Galler Klosterplans, zurückreichen und schon längst zu den »kleinen Wundern« der schweizerischen Kunstgeschichte zählen. Die Reliefs aus Vintschgauer Marmor gehören dem römisch-lombardischen Kunstkreis an und sind – man kann es kaum glauben – über die Alpen gekarrt worden. Ins dritte Viertel des 12. Jahrhunderts ist ein romanischer Kruzifix in St. Gallen-Notkersegg zu datieren, der aus dem säkularisierten Kloster St. Gallen stammt und den Vergleich mit den besten Bildwerken des Bodenseeraums nicht scheuen muss. Das frühgotische Chorgestühl in Magdenau aus der Zeit um 1300 zeugt von früher Blüte der 1244 gegründeten Zisterze. Leider haben eine anlässlich des Kirchenneubaus 1951 erfolgte »Erweiterung« und »Bereicherung« – der Konvent platzte damals aus allen Nähten – die Authentizität dieses Gesamtkunstwerks stark geschmälert. Auch wenn in Weesen viele, in Wattwil und Glattburg vereinzelte Stücke ihre Herkunft aus dem künstlerisch und geistig überragenden Dominikanerinnenkloster St. Katharinental (Diessenhofen/TG) nicht verleugnen können, so ist doch die Tatsache bemerkenswert, dass sie die 125 Jahre seit jener Klosteraufhebung fast unbeschadet überdauert haben. Zwar handelt es sich nicht mehr um die erste Garnitur von Kunstwerken, die schon vor oder kurz nach der staatlichen Säkularisation in den Handel gelangt sind, zu nennen das Katharinentaler Graduale, vollendet 1312 (jetzt gemeinsamer Besitz der Eidgenossenschaft und des Kantons Thurgau, ausgestellt im Landesmuseum). Die frühgotische Heimsuchungsgruppe, um 1310/20, im Metropolitan Museum New York, die Christus-Johannes-Gruppe, um 1300, im Museum Van der Bergh Antwerpen, und das gemalte Altarkreuz, um 1250/70, im Historischen Museum Basel. Aber die Pietà aus einer oberrheinischen Werkstatt, um 1300, in Glattburg sowie die Dominikusfigur, um 1300, und die farbig gefasste Dreikönigsgruppe aus Alabaster, 1. Viertel 15. Jh., beide in Weesen, und die Ährenmadonna, um 1450, sowie die spätgotische Kreuzigungsgruppe in Wattwil, sind zweifellos Trouvaillen der Früh-, Hoch-und Spätgotik, die noch immer einen hohen Qualitätsgrad beanspruchen können.

Bekanntlich fegte der Bildersturm mit besonderer Heftigkeit durch das Herrschaftsgebiet der Abtei St. Gallen, so dass autochthone vorreformatorische Kunstwerke Seltenheitswert haben. Auch die Klöster waren davon betroffen. Die Kirchenausstattung der Fürstabtei St. Gallen wurde 1529 in 45 Wagenladungen vor die Stadt geführt und auf dem Brühl verbrannt. Das Dominikanerinnenkloster St. Katharina in St. Gallen verlor nicht nur die Bilder, sondern wurde 1528 von der Vadianstadt St. Gallen sogar aufgehoben. In der überlieferten Klosterchronik, die heute im Nachfolgekloster in Wil aufbewahrt wird, ist nachzulesen, dass im Altkloster Werke der schwäbischen Grossmeister Michael Erhart und Vinzenz Ensinger vorhanden waren, ganz abgesehen von den 33 gotischen Wappenscheiben im Kreuzgang, welche spurlos verschwunden sind.

Bemerkenswert sind die Einzelschicksale einiger Bildwerke. Da ist eine farbig gefasste, hochgotische Pieta, um 1350/70, zu nennen, welche den Bildersturm im rheintalischen Sennwald überdauert hat, um im Schwesternhaus in Altstätten (heute Kapuzinerinnenkloster) Bleibe und Verehrung zu finden. Die spätgotische Schmerzensmutter einer Kreuzigungsgruppe in Wurmsbach soll in der Reformationszeit ans Seeufer beim Kloster geschwemmt worden sein. Ein in Wattwil aufbewahrtes Vesperbild aus der Zeit um 1500 stand ehemals im Heilig Hüsli der Seebrücke Rapperswil und wurde 1642 vom Schlossvogt Johannes Breny erworben und dem Frauenkloster Wattwil geschenkt. Diese ausgewählten Beispiele zeigen auf, wie sehr die Klöster Rettungshafen und Hüter wichtiger Kunstwerke vorreformatorischer Zeit waren und sind.

ANDACHTSKUNST

Nach der Reformation lagen die Klöster, die nur unter dem Schutz der katholischen Orte überlebt hatten, personell, materiell und kulturell darnieder. Das Reformkonzil von Trient (1545–1563) schuf die Vorbedingungen zu einer langsamen Wiedererstarkung, die im späten 16. und vor allem im frühen 17. Jahrhundert eine erste Welle der Ausstattungsfreude auslöste. Der damals gepflegte Stil wird heute auch als Nachgotik bezeichnet. Es ist, als hätte man die zeitgenössische Renaissance, die hierzulande vor allem im profanen Bereich zum Durchbruch kam, bewusst überspielt, um mit retrospektiven Stilmitteln die Verluste des Bildersturms vergessen zu machen. Neu erwachte Frömmigkeit und überschwengliche Heiligenverehrung fanden ihren augenfälligsten Ausdruck in der sogenannten Andachtskunst. Die ganze Spanne gemüthafter Verbildlichungen, zu nennen etwa Geisselheiland, Ecce homo, Christus im Elend, Abschied Jesu, Pietà, ist im Kloster Weesen beispielhaft vertreten (grossenteils aus St. Katharinental). Daneben werden auch die Leitfiguren der einzelnen Orden ins Zentrum der Betrachtung gestellt: Bernhard, Franziskus, Dominikus.

In den Zisterzienserklöstern Magdenau und Wurmsbach gibt es zahlreiche Darstellungen des grossen Ordensheiligen Bernhard: Bernhard die Leidenswerkzeuge des Herrn umfassend, Bernhard mit dem sich zu ihm neigenden Kruzifixus (sog. amplexio), Bernhard die Milch aus der Brust Mariens empfangend (sog. lactatio). Die drei symbolträchtigen Bilder der Askese, der Christusliebe und der Muttergottesverehrung verkörpern Tugenden, die in der Ordensregel der Zisterzienser festgeschrieben sind. Die älteste Darstellung der Amplexio findet sich in der Klosterkirche Wurmsbach. Die Figurengruppe ist geradezu beispielhaft für die aufkommende Andachtsplastik und die bewusste Anlehnung an die Gotik. Als Künstler gilt der Rapperswiler Felix Büchser (†1578), welcher entscheidend mithalf, die Klosterkirche Einsiedeln neu auszustatten, aber noch zusehen musste, wie sein Lebenswerk beim Dorfbrand 1577 zugrundeging.

Bernhard die Leidenswerkzeuge umfassend, ist eine besonders beliebte Szene im Kunstbestand von Magdenau. Das früheste Zeugnis, ein grosses Gemälde auf Holz, um 1620/30, trägt die Signatur des Wiler Malers Johann Ulrich Rysse (1587–1667). Dieser Maler hat in Magde-nau, aber auch in Wil und Umgebung ein umfangreiches Oeuvre hinterlassen, das zu den jüngsten Funden der St. Galler Inventarisation zu zählen ist. Er hatte die sympathische Angewohnheit, seine Bilder – und sogar zwei kleine Skulpturen in Magdenau – mit seinem Monogramm HVR oder mit vollem Namen zu bezeichnen. Die im Kreuzgang Magdenau befindlichen, grossformatigen Tafeln der Passion und des Marienlebens, signiert und datiert 1627/28, gehörten zu einem Wandtäfer des Refektoriums, das im 19. Jahrhundert (?) – offensichtlich im Wunsch nach einem helleren Raum – herausgelöst und zersägt wurde. Wohl damals sind bedeutende Kabinettscheiben mit Passionsszenen, welche die Kreuzgangfenster schmückten, verkauft worden. Sie gelangten in die Vincentsche Sammlung in Konstanz und wurden, bevor sie 1890 in alle Winde zerstoben, beschrieben. Es war ein geschlossener Zyklus des Wiler Glasmalers Melchior Schmitter, datiert 1608, und trug – wie übrigens auch die erwähnten Bildtafeln – die Wappen von geistlichen und weltlichen Herren, Wohltätern und Amtsleuten des Klosters Magdenau: ein eindrückliches Zeugnis der Hochschätzung und Verbindungen des Klosters in der politischen und kirchlichen Landschaft. Nur eine einzige Kabinettscheibe, jene der Äbtissin Margarethe Frey von 1618, fand ins Kloster Magdenau zurück. Der Ordensstifter Dominikus von Caleruega und seine geistliche Schwester Katharina von Siena sind naturgemäss in den Dominikanerinnenklöstern besonders stark vertreten. Das kindliche Vertrauen der Schwestern in Weesen zu ihrem Ordensvater zeigt sich darin, dass sie sich nicht nur unter dem Schutzmantel Mariens, sondern auch zu Füssen des hl. Dominikus darstellen liessen. Eine liebenswürdige Bilderfindung. Der Ordensgründer Dominikus mit dem eine Fackel tragenden Hund – sein Name wird im Volksmund von Domini canis abgeleitet – erscheint häufig in sogenannten Rosenkranzbildern, wo er – zusammen mit Katharina von Siena – von der Muttergottes den Rosenkranz empfängt. Diese Darstellung, in Assistenz von Dominikanerheiligen, findet sich um 1640 auch im linken Seitenaltar der Klosterkirche Weesen. Rosenkranz und Rosenkranzbruderschaften erhielten mächtigen Auftrieb nach dem Seesieg der Christen gegen die Türken bei Lepanto 1571, wo die Fürsprache der Muttergottes das Kriegsglück beeinflusst haben soll. Der damalige Papst Paul V. (1566–1572), von dem übrigens auch ein Porträt in Weesen hängt, gehörte dem Dominikanerorden an und verhalf der Tridentinischen Reform zum Durchbruch.

Um Dominikus ranken sich auch Legenden. Eine davon ist die Erscheinung von Soriano (Kalabrien), wo die Muttergottes einem Mönch das wahre Bildnis,das »veron eikon«, des hl.Dominikus übergibt. Das Weesener Hochaltargemälde von 1640 zeigt diese Szene, die in Dominikanerklöstern häufig vorkommt, besonders kunstvoll. Der signierende Maler Hans Bock, wohl ein Verwandter (oder gar der Enkel des Basler Rathaus-Malers Hans Bock?), dürfte über Solothurn und Konstanz nach Wien gekommen sein, wo er eine fruchtbare Werkstatt betrieb und viele Klöster in Niederösterreich belieferte. Ein Soriano-Bild aus seiner Hand befindet sich auch in der Dominikanerkirche Wien!

Franziskus von Assisi und seine geistliche Schwester Klara geniessen vor allem in den Kapuzinerinnenklöster hohe Verehrung. Die sogenannte Pfanneregger Reform von Wattwil führte im späteren 16. Jahrhundert die Konvente des Dritten Ordens (Terziarinnen) wieder stärker auf ihre franziskanischen Ursprünge zurück. Zwei nachgotische Altartafeln im Kreuzgang Tübach zeigen die beiden Protagonisten vor einer Landschaft: Franziskus die Wundmale empfangend, Klara mit einer Hostienmonstranz. Mit dem Zeichen der Eucharistie bannte sie einst die Sarazenengefahr; bei Entstehung dieser Tafel um 1570 dürfte die Türkengefahr vor Augen gestanden haben. Ein kleines Bildwerk des hl. Franziskus im Chor des gleichen Klosters Tübach ist ein hübsches Beispiel nachgotischer Plastik.

Szenische oder thematisierte Darstellungen, wie sie in den Männerklöstern in Zug oder Sursee zu finden sind, fehlen in den Frauenklöstern des Bistums St. Gallen. Stellvertretend sei ein ikonographisch bemerkenswertes Bild im Kapuzinerkloster Wil vorgestellt. Das rechtsseitige Altarbild, 1656 vom obgenannten Johann Ulrich Rysse gemalt, zeigt die 1652 erfolgte Gründung des Klosters im Schutze Christi und der Jungfrau Maria sowie in Assistenz der drei grossen franziskanischen Ordensgemeinschaften, der Franziskaner, der Kapuziner und der Klarissen bzw. Kapuzinerinnen, je vertreten durch drei herausragende Heilige. Auch wenn das Thema auf einen Stich von Raphael Sadeler zurückgeht und im Kapuzinerkloster Zug eine ältere Bildumsetzung besteht (1630), so hat das Wiler Bild doch ein starkes Lokalkolorit. Hier wird erstmals das Neukloster Wil dargestellt, in dessen Vordergrund Kapuziner einen Pflanzgarten, ein neues Portiuncula, anlegen.

GNADENBILDER

Der Barock war den Klöstern besonders gut gesinnt. Das Ordensleben blühte auf, Konventbauten wurden erweitert, Kirchen neu gebaut und künstlerisch bereichert. Bemerkenswerte früh- bzw. hochbarocke Gotteshäuser haben sich in Appenzell und Weesen erhalten. Dort ist im schneeweissen, stuckkassettierten Tonnengewölbe erstmals ein Hauch italienischer Raumkunst zu erspüren (1619/21), hier deuten Aussensgraffiti und architekturbegleitende und ornamentale Stukkaturen im Innern (1690) auf künstlerische Beziehungen zu Graubünden hin, zumal ja Weesen damals dem Bistum Chur unterstellt war. Die meisten Klosterkirchen wurden – parallel zu den Pfarrkirchen auf dem Lande im späteren 18. Jahrhundert – um- oder neugebaut, allen voran selbstverständlich die Neugründungen Libingen-Glattburg (1760) und Berg Sion (1761). Die Kirchenmaler rekrutierten sich auch hier aus dem vorarlbergisch-süddeutschen Raum, sind aber selten identisch mit denjenigen in den Pfarrkirchen. Da spielte offensichtlich ein Netz zwischenklösterlicher und persönlicher Beziehungen. Dies trifft beispielsweise zu für den sonst weitgehend unbekannten Maler Eustachius Gabriel aus Schwarzach bei Bregenz, der in den 60er Jahren sowohl im Zisterzienserkloster Wettingen als auch in Magdenau nachzuweisen ist (Deckenbilder nicht mehr vorhanden), wie für Franz Anton Weiss (1725–1784) in Glattburg, evtl. auch in Wattwil. In Notkersegg ist die Frage nach dem Freskanten des Deckenspiegels noch immer offen.

In der Stille der Frauenklöster fanden die Kleinkünste eine liebevolle Pflege, allen voran die Paramentenstikkerei, dann die Wachsbildnerei, die Herstellung von Andachtsbildchen und Devotionalien aller Art, kurz die sogenannte Klosterkunst, die auch ein Licht wirft auf die damalige Volksfrömmigkeit. Die in den Klöstern verborgenen Schätze dieser liebenswürdigen Kultur werden erst allmählich entdeckt und in Ausstellungen oder Publikationen gewürdigt. Dies gilt auch für die Gnadenbilder, welche in den Klöstern einen hohen Stellenwert einnehmen. Es sollen hier nur einige der beliebtesten Typen herausgegriffen werden.

Die Muttergottes von Einsiedeln nahm immer einen besonderen Rang ein. Das alte Kloster St. Katharina in St. Gallen hatte schon 1484 eine Kopie des Einsiedler Gnadenbildes anfertigen lassen, die leider im Bildersturm unterging. Sämtliche Frauenklöster im Bistum St. Gallen besitzen in irgendeiner Form barocke Nachbildungen als Bildwerk, Gemälde, Grosskupfer, Andachtsbildchen oder Votivbilder. Die ältesten »Einsiedlerinnen« stehen wohl in St. Katharinental und in Wattwil, beide vom Einsiedler Künstler Josef Kälin (1658 – um 1734) geschnitzt, anfangs 18. Jahrhundert. Zwei Kopien in Tübach und Glattburg aus der Zeit um 1780/90 haben sogar einen berühmten Gevatter: Johann Baptist Babel (1716–1799), der zu den spätbarocken Grossmeistern in Einsiedeln und der Schweiz gehört. In Notkersegg steht zudem ein Modell der Gnadenkapelle von Einsiedeln aus dem frühen 19. Jahrhundert.

Die zweifellos häufigsten Gnadenbilder heissen Maria Hilf und Maria vom Guten Rat, die im 17. Jahrhundert auch den Kapuzinerinnenklöstern Altstätten, bzw. Notkersegg den Namen gegeben haben. Ersteres geht auf ein Gemälde von Lukas Cranach d.Ae. in der Stadtpfarrkirche St. Jakob Innsbruck zurück (um 1537), das 1622 in Passau eine berühmte Nachbildung erfuhr, die in der dort neugebauten Maria-Hilf-Kirche aufgestellt wurde. Der auffälligste Unterschied zwischen Original und Kopie besteht darin, dass in Innsbruck der Kopfschleier über Maria und das Kind, in Passau nur über die Madonna gezogen ist. An dieser kleinen Abweichung lässt sich in der Regel die Herkunft der Kopien ermitteln.

Ein ähnlicher Doppelsprung der Verehrung ist für das Gnadenbild der Muttergottes vom Guten Rat festzustellen. Das Urbild befindet sich im Augustinerkloster Genazzano bei Rom. Eine Kopie gelangte 1757 ins Zisterzienserkloster Stams im Tirol und fand von hier aus eine schlagartige Ausbreitung, nicht nur in den Kirchen und Klöstern, sondern auch in den Herrgottswinkeln der Privathäuser. Die Popularität gerade dieses Bildes dürfte in der naiven Lieblichkeit der Darstellung von Mutter und Kind begründet sein, die ins Herz des Betrachters und Beters spricht. Man erkennt das Gnadenbild an den scheibenartigen Heiligenscheinen und einem die beiden Personen überhöhenden, ovalen Reif.

Schliesslich verdient die Madonna von Loreto Erwähnung, zumal eine Loretokapelle die Urzelle der Klostergründung von Berg Sion bildet (1761). Die im heutigen Kloster verbaute »casa santa«, die zweitletzte der insgesamt 41 Loretokapellen in der Schweiz, barg einst jene barocke Muttergottesstatue, die heute in der Klosterkirche Berg Sion Aufstellung gefunden hat. Sie ist eine spätbarocke Nachbildung jenes frühgotischen Gnadenbildes in Loreto oberhalb Ancona, das 1921 durch einen Brand zerstört wurde und heute dort durch eine Kopie ersetzt ist. Wie zeitgenössische Votivbilder von Berg Sion zeigen, war die Statue einst reich gekleidet und glich der Einsiedler Madonna. Im Zeitalter wiederaufkommender Pilgerfreude darf auch festgestellt werden, dass die Loretokapellen Lichtensteig, Berg Sion und Tuggen auf dem alten sog. St. Galler Pilgerweg nach Maria Einsiedeln liegen.

Selbstverständlich sind in den Klöstern auch Nachbildungen anderer Gnadenbilder zu finden, zu erwähnen etwa die Muttergottes von Trapani, Maria vom Schnee von Sta Maria Maggiore in Rom (Verbreitung über Ingolstadt) und Triberg im Schwarzwald sowie der Geisselheiland der Wieskirche (Bayern), aber auch die liebenswürdigen Jesuskindlein von Prag und Salzburg.

KIRCHENSCHÄTZE

Die Verschönerung des Gottesdienstes war seit jeher ein grosses Anliegen der Klöster. Dazu gehören nicht nur der Gesang, sondern auch der Altarschmuck. Die von der Regel her zur Armut verpflichteten Klöster, besonders die Konvente der Kapuzinerinnen, hatten kaum die Möglichkeit, Geld in teure Silberarbeiten zu investieren. Viele Kostbarkeiten in den Sakristeien sind denn auch Schenkungen von aussen oder gezielte Käufe mit Hilfe von Stiftern.

Als Vorgeschmack des »goldenen« Zeitalters im Barock sollen ein paar Einzelstücke aus vorreformatorischer Zeit vorgestellt werden, die allerdings nicht für Frauenklöster bestimmt waren. Ein spätgotisches Werk von hoher Qualität ist das gegossene, ziselierte und teilvergoldete Silberhaupt des heiligen Johannes, eine sogenannte Johannesschüssel, welche Abt Konrad Brunnmann (1489–1513) von St. Johann im Thurtal, wohl einem Feldkircher Goldschmied in Auftrag gegeben hatte. Über die Fährnisse der Reformation gerettet und vom Nachfolgekloster, dem sanktgallischen Filialkloster Alt St. Johann bzw. Neu St. Johann aufbewahrt, kam es 1884 in den Kunsthandel und tauchte erst 1950 wieder wundersam auf. Das Kunstwerk wird heute als Depot der Gottfried Keller-Stiftung im Historischen Museum St. Gallen aufbewahrt: ein Schlaglicht auf die figürliche Silberkunst des 15. Jahrhunderts.

Auch der romanisch-gotische Abtstab aus einer Limoges-Werkstatt und die Mitra aus dem ehemaligen Prämonstratenserkloster Rüti ZH haben verschiedene Stationen hinter sich. Zuerst in Gebrauch von Abt Gebhard Vittler in Churwalden GR gelangten sie um 1517 als Geschenk an Felix Klauser (1503–1525), den letzten Abt von Rüti. Dieser floh 1525 anlässlich der Zürcher Säkularisation nach Rapperswil und dürfte neben diesen Pontifikalien auch eine Kreuzpartikelmonstranz von 1513 in Sicherheit gebracht haben. Das kreuzförmige Gehäuse, das noch heute als Wettersegenkreuz Verwendung findet, ist ein sehr kostbares Stück eines unbekannten Zürcher Goldschmieds, der sich am berühmten Einblattholzschnitt des Rapperswiler Künstlers Firabet orientierte.

Die Frauenklöster besitzen kaum wichtige Werte der Goldschmiedekunst aus vorreformatorischer Zeit. Ausnahmen sind etwa die Kerzenständer von 1495 aus St. Katharinental in Weesen. Hingegen ist die Renaissance recht gut vertreten: ein Vortragekreuz der Priorin Katharina Hunzikofer in Weesen von 1587, ein kostbares Wettersegenkreuz um 1618 aus dem Damenstift Schänis (jetzt im Kirchenschatz der Pfarrkirche Schänis) und die Turmmonstranzen in Schänis von 1620 und Wattwil von 1631. Vor allem die reichgeschmückte Hostienmonstranz in Wattwil ist ein geradezu programmatisches Werkstück des Übergangsstils, wo sich die gotische Turmform zur barocken Sonnenscheibe entwickelt. Wattwil besitzt noch zwei vergleichbare Reliquiare in der Form von Monstranzen.

Fast jedes Kloster nennt selbstverständlich eine Sonnen- oder Strahlenmonstranz sein eigen, vornehmlich Werke aus Augsburg, Wil und Rapperswil. Aussergewöhnlich ist eine Augsburger Monstranz in Berg Sion. Das armselige Klösterlein der Prämonstratenserinnen erhielt schon bald nach der Gründung 1761 von der reichen Prämonstratenserabtei Schussenried (Schwaben) dieses Prunkstück mit Heiligenfiguren, welches am Fuss das emaillierte Wappen des Schussenrieder Abtes Hugo Lindner (1694–1713) trägt.

Selbstverständlich ist auch die ganze Stilpalette an Kelchen und Ziborien vorhanden, auf die hier nicht eingetreten werden soll.

Eine Spezies für sich stellen die Äbtissinnenstäbe mit ihren kunstvoll verzierten Krümmen dar. Da nur Wurmsbach und Magdenau Abteien sind, d.h. vom Landesbischof unabhängige Konvente, finden sich nur hier diese »bischöflichen« Insignien. In Magdenau haben sich Prälatenstäbe von 1630 und um 1730 erhalten; Wurmsbach besitzt einen Äbtissinnenstab mit den Zisterzienserpatronen Maria und Bernhard aus der Zeit um 1700.

Eine Gruppe für sich bilden die Reliquiare. Auch die Frauenklöster konnten sich dem Reliquienkult nicht entziehen, zumal sie immer wieder angefragt wurden, die aus Rom transferierten Skelette, sogenannte Katakombenheilige, kostbar zu kleiden und zu fassen. Sie liegen meist als Krieger über oder unter den Altären. Einzelne Reliquien wurden gesammelt, sorgsam in Textilien verpackt und in silberbeschlagenen Schreinen aufbewahrt. Solche meist tempelförmige Gehäuse haben sich fast überall erhalten, die schönsten wohl in Magdenau, wo der Kult um die 1662 übergeführte Theodora besondere literarische und kultische Blüten trieb.

Während die reichen Kirchenschätze wenig mehr als angedeutet werden können, ist eine Würdigung der erst teilweise inventarisierten Paramenten auf kleinem Raum ausgeschlossen. Immerhin sind einige Hinweise zu ihrem liturgischen Gebrauch nützlich.

Mehr als in den Pfarrkirchen haben in den Klöstern textile Kunstwerke überlebt, weil geübte Frauenhände sorgfältiger mit diesen Zeugen des Kunstgewerbes umgehen. Da und dort haben sich ganze Messornate erhalten, d.h. alle zu einem Pontifikalamt (Festgottesdienst mit kirchlichem Würdenträger) benötigten Gewänder und Insignien, Altar- und Kelchbekleidung sowie rituelle Gerätschaften. Dafür zeugt etwa der sogenannte SAFFA-Ornat in Magdenau, der 1956 an der »Schweizerischen Ausstellung für Frauenarbeit« zu sehen war. Ein modernes Werk der Textilkunst, aber noch ganz in traditioneller Form und Technik. Eine Augenweide sind die Messgewänder und Kelchtüchlein des Barocks, die in allen liturgischen Farben erhalten sind: Weiss für Hochfeste, Rot für Festtage, Grün für Werktage, Violett für Advent-und Fastenzeit, Rosa für spezielle Sonntage innerhalb dieser Vorbereitungszeiten (Gaudete und Laetare) und Schwarz für Trauer; ja selbst das unzulässige Blau für Marienfeste kommt vor. Floristische Muster in Samt, Seide, Damast und Brokat, nur selten genau datierbar, sind im 17. und 18. Jahrhundert beliebt. Strengere Ornamente sowie Symbole und Figürliches charakterisieren das 19. und frühe 20. Jahrhundert. Bis dahin herrschen auch die Messgewänder in der sogenannten Bassgeigenform vor, ein über den Schultern zusammengenähter Überhang, der auf der Brustseite konkav und bogenförmig beschnitten ist. Die Assistenzpersonen (Diakon und Subdiakon) bei der Heiligen Messe tragen Ärmelgewänder, sogenannte Dalmatiken, während sich der Priester bei sakramentalen Handlungen in das Pluviale, ein halbkreisförmiger Rauchmantel mit Schliesse, hüllt.

Heute ist die Liturgie – vor allem was die äussere Form anbetrifft – in einem grundlegenden Wandel begriffen, der sich nicht nur im Sinne eines volksnaheren und verständlicheren Gottesdienst vollzieht, sondern auch einen Verlust an Feierlichkeit, Gemüthaftigkeit und Schönheit beklagen lässt. Schade um die herrlichen Paramenten, die in den Sakristeien eingemottet werden oder auf den Dachböden der Kirchen verschwinden.

ZWISCHEN GESTERN UND HEUTE

Die Frauenklöster erfuhren nach der Gründung des Bistums St. Gallen 1847 eine überraschende Blüte. Die Zahl der Nonnen stieg in allen Konventen stark an, so dass bauliche Erweiterungen, oft unter Einbezug des Dachstocks, nötig waren. Der staatliche Zwang, den Grundbesitz auf ein Minimum zu reduzieren, das heisst Liegenschaften und Gewerbebetriebe zu verkaufen, hatte unterschiedliche Folgen. Einerseits verloren die Klöster ihre aus der Land- und Forstwirtschaft resultierenden regelmässigen Einkünfte, andererseits hatten sie wieder Zeit und Musse, das klösterliche Leben intensiver zu pflegen. Hierzulande erfuhr die Klausur ihre strengste Form wohl im späteren 19. Jahrhundert. Erst nach dem Zweiten Vatikanischen Konzil (1963) öffneten auch die Klöster einen Türspalt.

Die starke Absonderung von der Aussenwelt und die teils sehr autoritäre Führung der Klöster waren nützlich und bedauerlich zugleich: nützlich deshalb, weil das geistige und religiöse Leben, aber auch gewisse handwerkliche Fertigkeiten (z.B. die Paramentenstickerei) eine hohe Blüte erreichten, bedauerlich u.a. deshalb, weil die Kunst und auch der Kunstgeschmack allzusehr ins Fahrwasser eines rigiden Historismus gerieten. Der Barock wurde weggeräumt und allzuoft durch gutgemeinte »Nazarener« ersetzt, für welche die »frommen Gemüter« der Klosterfrauen besonders empfänglich waren. Nach 1950 war es dann soweit, dass auch diese Kunst zugunsten von Modernismen unter die Räder geriet, die da und dort wie Todesstösse auf das noch immer vorherrschende konservative Kunstverständnis wirkten.

Trotz bedauerlicher Verluste waren und bleiben die Klöster hierzulande die besten Hüter des Kunstgutes.

Bernhard Anderes

Der Eintritt in eine andere Welt. Sich an der Pforte anzumelden und von der Pförtnerin begrüsst zu werden, gehört ebenso zur Tradition der Klausurklöster, wie es der Vergangenheit angehört, das Gespräch durch Klausurgitter hindurch führen zu müssen. Geblieben, aber nicht mehr in Gebrauch sind die schmalen Fensterchen und das Drehgehäuse – Trülle genannt –, durch welche Gegenstände, Speisen, Geschenke gereicht wurden, die jedoch jeglichen Berührungskontakt verhinderten. Noch immer spürbar ist eine gewisse Distanz zur Aussenwelt, die Sorge, durch eine weite Öffnung könnte zuviel Lärm und Geschäftigkeit eindringen. Geblieben sind glücklicherweise auch die oft kunstvollen Klostergitter, die gewissermassen Garanten sind, dass die kostbaren Schätze der Tradition und Kunst weiterhin bewahrt und gepflegt werden.

Warum suchen Menschen die Geborgenheit eines Klosters? Einer der Gründe ist die Atmosphäre der Ruhe und Beschaulichkeit; sie wohnt in den behäbigen Gewölben eines Kreuzgangs, in den klaren Fensternischen, im einfallenden Licht mit seinen wechselnden Stimmungen. Lange Korridore dienen der Verbindung zu- und untereinander. Sie schaffen in der Enge der Gemeinschaft die nötige Distanz und einen gewissen Freiraum für das Individuum. Allerdings sind die weitläufigen Gebäude für manch ältere Schwester beschwerlich – und für die Gemeinschaft eine Belastung im Unterhalt. Die Aufmerksamkeit, welche die Gemeinschaften diesen Fluren und Korridoren widmen, kommt in der oft aufwendigen Erneuerung, in der Pflege und vor allem im kunstsinnigen Ausgestalten mit alten Bildwerken, liebgewordenen Gegenständen (auch Andenken an bedeutende Klostervorsteherinnen) oder mit moderner Kunst zum Ausdruck.

BERG SION Pförtnerin
MAGDENAU Besuchszimmer

IHS
Sancta Maria ora pro nobis

WEESEN Kreuzgang

MAGDENAU Kreuzgang

Inbegriff klösterlichen Lebens ist die Klosterzelle. Beschränkt auf enge vier Wände, auf Bett, Betstuhl, Lavabo, Schrank und einige wenige Utensilien, ist sie wie eh und je das persönliche Refugium der Klosterfrau. Die oftmals niedrige Zellentüre – kunstvoll oder schlicht mit dem Namen der Schwester gekennzeichnet – verwehrt gewissermassen den Zutritt für alle anderen und macht die Kammer zum alleinigen, aber auch einzigen Besitz eines Menschen. Offen für Licht und Wärme, schafft das Fenster Verbindung mit der Natur und der Schöpfung.

Eine Idylle, die bewusst Schranken setzt und wohl auch die Aufgabe wahrnimmt, manchen stillen Seufzer und inneren Kampf in ihr Schweigen aufzunehmen.

So verschieden die Räumlichkeiten innerhalb der einzelnen Klöster sind, eines haben sie gemeinsam: sie strahlen Ruhe und Behaglichkeit aus. Dies mag am denkwürdigen Alter, an der sorgfältigen Pflege oder ganz einfach daran liegen, dass sie dem Zugang fremder Menschen und Einflüsse verwehrt sind. Aber so manches Besuchszimmer und Refektorium (Speisesaal), so mancher Kapitelssaal – wo die Schwestern ihre Beratungen halten – hat eine bewegte Geschichte. Dem Lauf der Zeit entsprechend im Aussehen verändert oder gar durch Feuersbrunst zerstört, ging manches verloren und wurde Grossartiges neu geschaffen. Es gilt auch zu bedenken, dass diese Räume noch vor nicht allzu langer Zeit grossen Gemeinschaften dienten, während heutzutage die Tischreihen kürzer, die besetzten Plätze rarer geworden sind und manch ein Winkel etwas verloren wirkt.

APPENZELL Dormitorium
MAGDENAU Mutter Benedikta Oesch, Äbtissin i. R.

NOTKERSEGG Zelle

WATTWIL Zelle
WIL Saalstube (Seite 70/71)
MAGDENAU Refektorium (Seite 72/73)

LÖW

LVC: I. CAP.
LVCÆ. I. CAP.
S. Petrus.
Jesus Christus.
MATH. II. CAP.
Den Grüß der Engel bringt
der heiligen Jungfrauwen:
Gott pflegt was nidrig ist
in gnaden anzüschauwen.
LVCÆ. VIII. CAP.
S. Thomas.
LVCÆ. II. CAP.
S. Matthëus.
LVCÆ. III. CAP.

NOTKERSEGG Sr. M. Gabriela Morger, Gewandmeisterin (Seite 74/75)
MAGDENAU Prälatur
NOTKERSEGG Kreuzgang, Romanisches Kruzifix, 12. Jh.

WURMSBACH Gebeine des »kleinen Vinzenz«
WONNENSTEIN Alte Klosterapotheke

Was heisst klösterliche Tradition? Auf der vorstehenden Doppelseite wird sie einem angesichts des prunkvollen Prälatenzimmers (1675) im Kloster Magdenau im Untertoggenburg bewusst. Der Blick auf die prächtige alte Apotheke im Kloster Wonnenstein (AI) verdeutlicht einen sozialen Aspekt von Tradition und Wissen, der hier und heute jedoch obsolet geworden ist. Und mit Tradition und treuer Überlieferung hat die folgende Geschichte zum untenstehenden Bild zu tun:

Im Kreuzgang des Klosters Mariazell, Wurmsbach, steht erst seit einigen Jahren eine kleine Truhe mit dem Skelett eines Kindes. Archäologische Grabungen haben es vor nicht langer Zeit an dieser Stelle freigelegt. Es hat sich nachweisen lassen, dass es die Gebeine eines 1260 frühverstorbenen Söhnchens des Klostergründers, Graf Rudolf II. von Rapperswil, sind. Ohne dass jemand von der Grabstätte gewusst hätte, war der Ort von Schwesterngeneration zu Schwesterngeneration in Erinnerung gehalten worden, so dass es bis zur Ausgrabung Usus war, dem »kleinen Vinzenz« dort das Weihwasser zu geben.

Elixier Vitae
Anisamoniak
Anisamoniaktr.
Misteltropfen
Herztropfen
Balsam hell
Asthmatropfen
Magentropfen
Elixir Vitae
Balsam hell
Aqua Euphrasiae
Magentropfen
Tinct. Lamii
Spir Melissae
Valeriana
Rosae

APPENZELL Küche, Feuertüren des Kachelofens
BERG SION Küche

Das Kloster sorgt als Gemeinschaft für das leibliche Wohl aller und jedes einzelnen. Dementsprechend herrscht Aufgabenteilung und nach Möglichkeit Selbstversorgung. Die klostereigene Landwirtschaft und der grosse Garten liefern die Nahrungsmittel; in den Kellergewölben und auf den Dielen lagern die Vorräte; die Küchenschwestern sind für eine eher karge, aber ausreichende und vor allem gesunde Ernährung der Mitschwestern besorgt. In den Klöstern heisst Selbstversorgung vor allem auch noch Einmachen, Einkellern, Dörren und Wirtschaften nach alter Manier; Methoden übrigens, die auch in Zeiten der Rationalisierung und des Wohlstandes ihre Berechtigung und ihren Sinn haben.

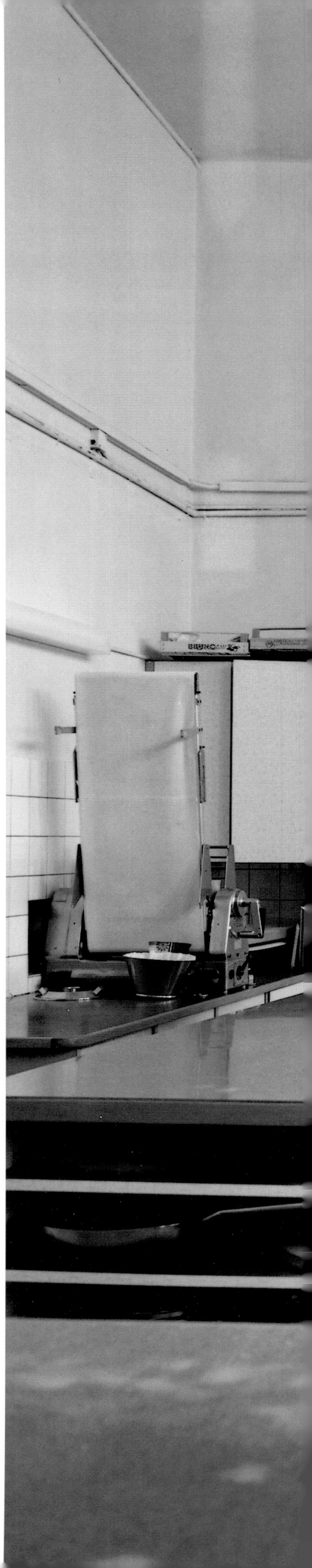

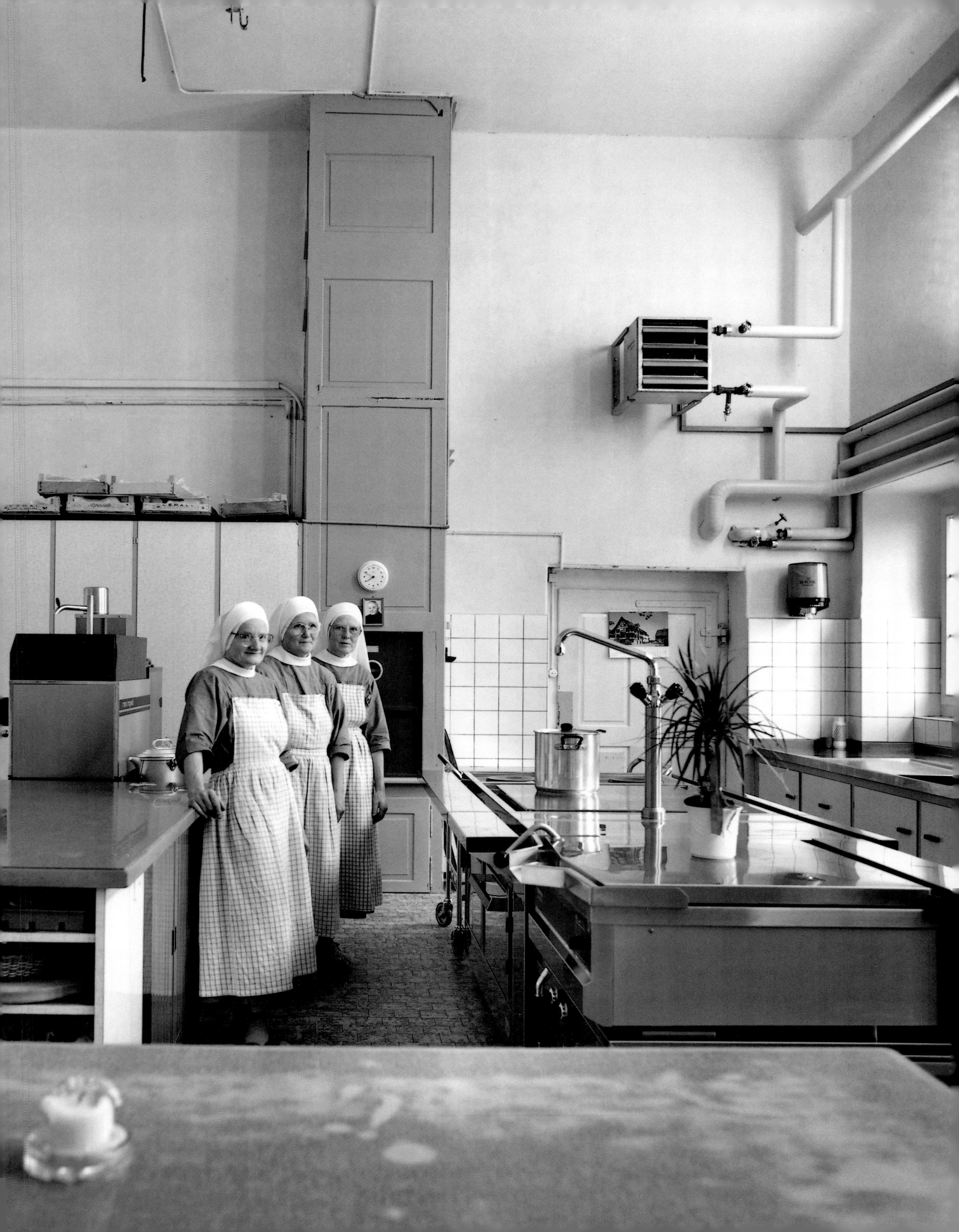

GLATTBURG Estrich, Obstlagerung
MAGDENAU Brennraum

WEESEN Keller
ALTSTÄTTEN Getränkekeller

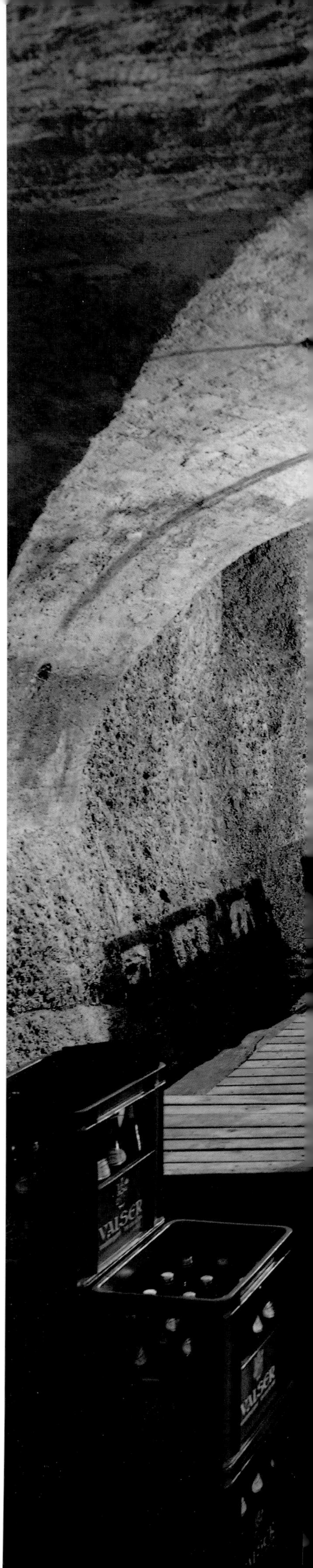

WIL Estrich
APPENZELL St. M. Consolata Meier, Organistin, mit plissiertem Kragen

GLATTBURG Ältestes Buch der Bibliothek
GLATTBURG Bibliothek, Sr. M. Elisabeth Lütolf

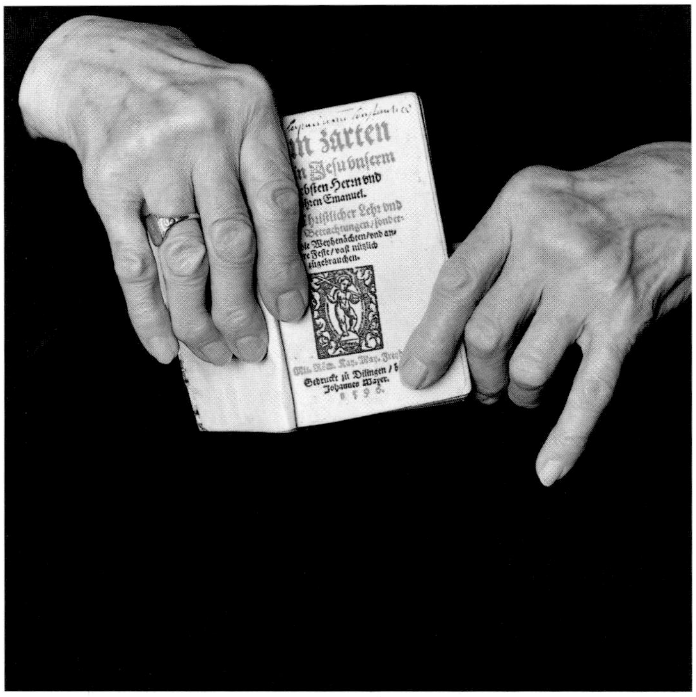

Klosterbibliotheken sind so etwas wie literarische Schatzkammern. Zum einen bergen sie neben alten Handschriften und Urkunden eine Fülle einzigartiger Schriften über das Klosterleben vergangener Zeit mit Anweisungen, die teils zum Schmunzeln anregen. Andererseits sind sie eine Fundgrube für wissensdurstige Menschen, schenken erholsame oder spannende Lektürestunden oder dienen ganz einfach der Entspannung und Musse, der Rekreation. So gepflegt und gut bestückt an manchen Orten die Bibliotheken sind, so häufig findet man auch eigens eingerichtete Räume oder Gänge für das Aufbewahren oder Ausstellen von Kunstgegenständen aller Art.

Die Sakristanin im Kloster ist gewissermassen die Hüterin des sakralen Bereichs. Für den Herrgott ist kein Dienst zu gering: Sauberkeit herrscht, Altäre werden aufs schönste geschmückt, jedes Detail wird liebevoll – nach alter Tradition – gepflegt. Die täglichen Gottesdienste und die Feste des Jahres haben ihr Ritual, auch wenn der Lauf der Zeit daran manches geändert hat. Darüber zu wachen, Althergebrachtes weiterzuvermitteln und stets den Überblick zu wahren, das sind ganz besondere Tugenden einer Sakristanin.

TÜBACH Antependium des Hochaltars,
Sr. M. Bernardina Ruoss, Sakristanin
MAGDENAU Chorgestühl

Ein Kind müsste sich in einem historisch gewachsenen Kloster wie im Paradies vorkommen: Was für Korridore, Hallen, Ecken, Zimmer, Keller und verschwiegene Estriche! In den gewaltigen Estrichen finden sich Gerümpel und selten Gebrauchtes zu einer verwunschenen Gemeinschaft zusammen. Sieht man von der Kirche, dem Refektorium, den Zellen, der Bibliothek, dem Archiv und dem Noviziat ab, dienen die zahlreichen Räume einer Klosteranlage der umfangreichen Klosterwirtschaft.

Mit dem Rückgang der Anzahl der Konventualinnen ist das Wirtschaften in den Klöstern allerdings schwieriger geworden. Vielen älteren Nonnen stehen wenige Novizinnen gegenüber, die nicht einfach mit Arbeit überlastet werden dürfen. Man behilft sich, so gut es geht, nicht selten mit Gastarbeiterinnen, man schränkt aber auch die Tätigkeiten ein, die früher für praktisch alle Frauenklöster charakteristisch waren. Einen möglichen Ausweg bietet zudem die Spezialisierung. In der Gewandkammer werden die Klostertrachten geschneidert und aufbewahrt; in der Wäscherei und Glätterei wird die Klosterwäsche und auch Kirchenwäsche umliegender Pfarreien besorgt; Waschen und Glätten werden häufig in Gemeinschaftsarbeit verrichtet. Mit der Vereinfachung der Klostertracht sind die früher gestärkten und plissierten (feingefalteten) Teile beim Schleier bzw. Kragen und damit stundenlange Feinarbeit beim Glätten weggefallen.

In der Backstube werden nicht nur das Klosterbrot und die beliebten Klosterkrapfen hergestellt. Die Hostienbäckerei ist eine traditionelle und typische Tätigkeit der geschlossenen Frauenklöster und wird heute noch in Berg Sion, Glattburg, Tübach und Weesen gepflegt. Sie erfordert eine spezifische Ausrüstung, klinische Sauberkeit und einen fast industriellen Arbeitsablauf. Die Hostien werden den Pfarreien entweder per Post zugestellt oder von diesen abgeholt. Grimmenstein, Wonnenstein und Leiden Christi, Jakobsbad, innerrhodische Klöster, können sich einer langen Apothekertradition rühmen. Unter strenger Kontrolle werden Salben und medizinische Schnäpse, Elixiere und Heiltees hergestellt; der Verkauf erfolgt teils im Klosterladen, teils per Post an eine treue Kundschaft. Klöster haben sich die medizinische Versorgung des Umlandes immer angelegen sein lassen; Klosterfrauen sind Fachfrauen auf dem Gebiet der Heilkräuter; diese werden teils im Klostergarten gezogen, teils auf den Wiesen und in den Wäldern gesammelt, anschliessend getrocknet und verarbeitet. Diese lange Zeit als Folklore belächelte Heilpraxis erfreut sich heute wachsender Wertschätzung.

Ins gleiche Gebiet der Kräuterkunde gehören das Trocknen von Rosen und die Herstellung von Trockenblumen, -buketts und -kränzen, die etwa zur Weihnachtszeit an die Freunde und Besucher des Klosters verkauft werden und einen kleinen Nebenverdienst bringen.

Eine weitere frauliche Handarbeit ist die Herstellung von Plaketten sowie von Glückwunsch- und Postkarten, wie sie in Notkersegg besonders originell gepflegt wird. Als typische Klosterarbeit empfindet ein Aussenstehender das Kerzenziehen, das allerdings nur noch in Wattwil nach alter Tradition gepflegt wird, während das Zieren von Kerzen da und dort zum klösterlichen Kunsthandwerk gehört.

Die Paramentenstickerei (Stolen, Messgewänder, Altarantependien, Fahnen, Einschlagtücher usw.), in welche die Nonnen während Jahrhunderten ihr Innigstes eingebracht hatten, ist heute leider ausgestorben.

Der Deckung des täglichen Bedarfs dienen neben der Bäckerei und der Küche auch die Metzgerei, die Mosterei und, nicht zuletzt, die Heizung mit Holzschnitzeln aus den Bäumen der eigenen Wälder. Altberühmt sind die Klosterkräuterschnäpse und Naturheilmittel wie zum Beispiel der Magdenauer oder Tübacher Klosterlikör, der Grimmensteiner Melissenbalsam oder die Wonnensteiner Kraftessenz u.a.m. Sie werden teilweise noch auf alten Destillieranlagen und nach Geheimrezepten hergestellt, die vermutlich bis ins Mittelalter zurückreichen.

GLATTBURG Flur

GRIMMENSTEIN Salbenherstellung (Seite 94/95)

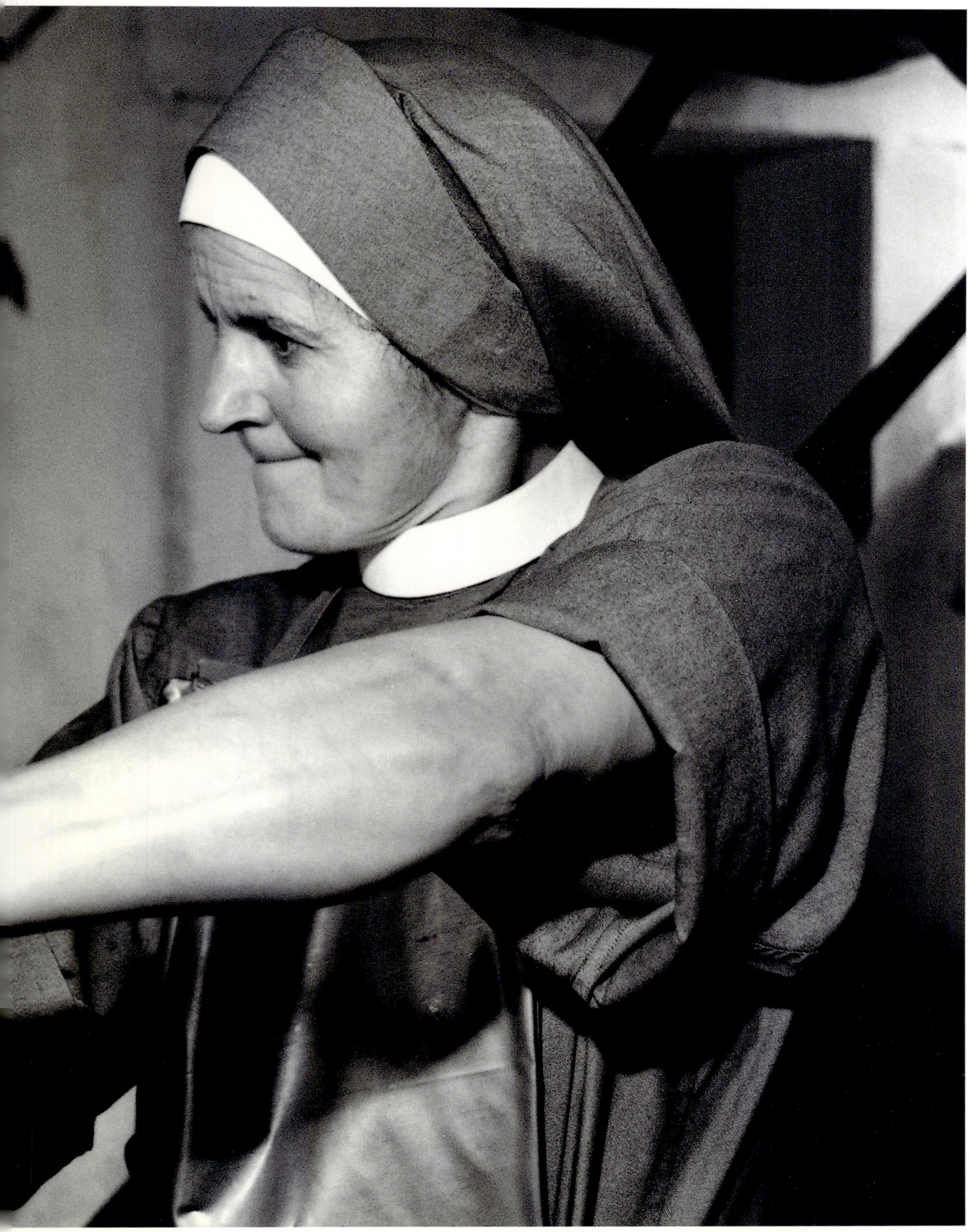

GLATTBURG Sr. M. Martha Gämperle an der Mostpresse

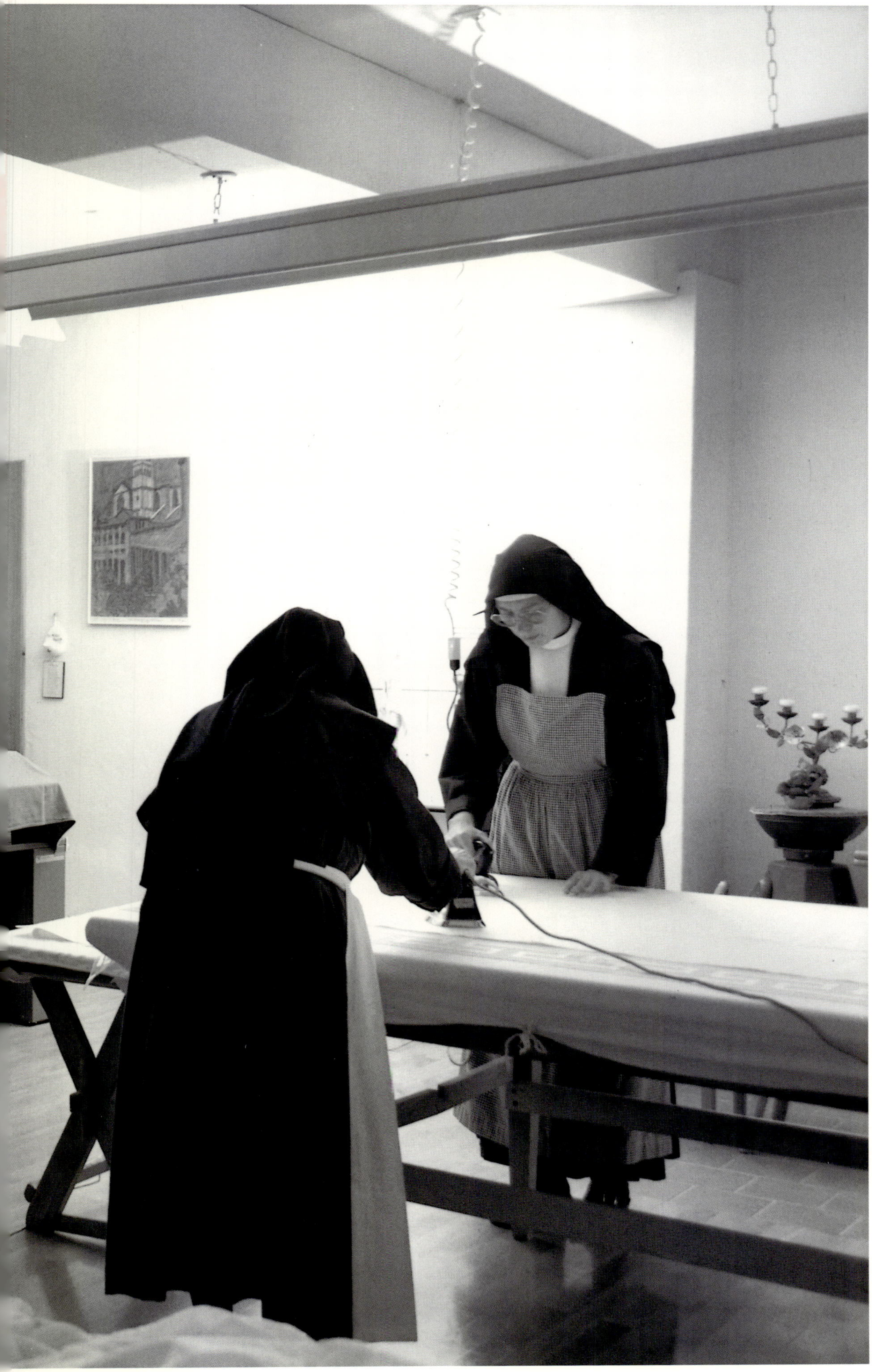

NOTKERSEGG Bügelstube

TÜBACH Hostienbäckerei

MAGDENAU Klosterkrapfen

Altstätten
Gastarbeiterin in der Küche

Juno
Hauswirts

WATTWIL Kerzenherstellung, Sr. M. Johanna Suter, Gärtnerin
TÜBACH Schnapsbrennen, Umgiessen des Vorlaufs

TÜBACH Schnapsbrennen, Wegschöpfen des Tresters

MAGDENAU Heizungsanlage, Schnitzelfeuerung
NOTKERSEGG Rosentrocknen

WIL Schulleitung bei der Stundenplangestaltung

Über Jahrhunderte hinweg gehörten Bildung und Erziehung, Wissenschaft und Kulturvermittlung zu den Hauptaufgaben der Mönchsklöster. Nach der Aufklärung und besonders im Zusammenhang mit der Säkularisierung im 19. Jahrhundert wurden auch die Frauenklöster vom Staat angehalten, gemeinnützige Aufgaben zu übernehmen. So entstanden Klosterschulen für Mädchen. Heute führen nur noch die Schwestern in Wil und Wurmsbach Mädcheninstitute, an denen ebenfalls Laien als Lehrkräfte wirken. Die Verantwortung, jungen Menschen eine christliche Werthaltung zu vermitteln, setzt neben pädagogischem Geschick und didaktischen Fähigkeiten ein hohes Mass an Planung, Einfühlungsvermögen und Kreativität voraus. So spielt neben der Wissensvermittlung und der Persönlichkeitsentfaltung die musische Betätigung eine wichtige Rolle. Dass bei solch spielerischem Verhalten die Mädchen auch einmal in die Rolle einer Nonne schlüpfen (Schultheater Wurmsbach), zeigt das selbstbewusste Verarbeiten von Themen mit schöpferischer Phantasie.

WURMSBACH Schultheater

WATTWIL

Von Schwestern bediente

Alarmstelle der Feuerwehr

KLOSTER UND LEBENSQUALITÄT

Um sich in den Klöstern des religiösen und kulturellen Erbes und des damit verknüpften Anspruchs neu bewusst zu werden, bedurfte es des starken Anstosses, wie er durch das II. Vatikanische Konzil gegeben war. Die westliche Zivilisation hat in den letzten Jahrzehnten infolge zweier Weltkriege und der technischen Entwicklung ein neues Lebensgefühl entwickelt. Wenn schon die Kirche mit all dem Neuen nicht Schritt halten konnte, so darf man sich nicht wundern, dass auch die beschaulichen Klöster ihre Mühe hatten. Die Lebensbedingungen im Kloster und das sie tragende religiöse Bewusstsein hatten sich dem Lebensstil der modernen Gesellschaft immer stärker entfremdet. Die ganze Kirche spürte die Notwendigkeit einer gründlichen Erneuerung. Dazu brauchte es ein Konzil.

Freude, Zuversicht, Stolz und ein herzhaftes Stück »Triumphalismus« bewegte auch uns Schwestern, als das II. Vatikanische Konzil angekündigt und eröffnet wurde. Das Interesse blieb während der ganzen Dauer der Kirchenversammlung wach. Eine drängende Aufbruchsbereitschaft prägte jene Tage; vor allem auch in den Orden erwartete man alles vom Konzil, um mit »fliegenden Fahnen« in die Zukunft schreiten zu können.

Es kam anders als erwartet: Anstelle fertiger Rezepte wurden Richtlinien gegeben. Das bedeutete und bedeutet noch für jeden Orden, für jedes einzelne Kloster, sich mit dem Geist des II. Vatikanums auseinanderzusetzen, sich seine Anliegen zu eigen zu machen und ordnungsgemäss Schritt für Schritt in der eigenen Gemeinschaft zu verwirklichen. Es galt, in ein jahrzehnte-, ja jahrhundertealtes Gefüge von Denkweisen, Vorschriften und Lebensformen Bewegung zu bringen, alles am hl. Evangelium, an einer gesunden Kirchen- und Ordenstradition und den echten Erfordernissen unserer Zeit zu messen und die sich aufdrängenden Veränderungen mutig ins Auge zu fassen. Wer sich wirklich engagiert hat, weiss, wie schwierig ein solches Unterfangen ist.

Es sollte sich auch erweisen, wie äusserst wichtig es war, dem Wunsche des Konzils zu entsprechen, das überkommene Geisteserbe neu zu überdenken, also zu den spirituellen Quellen des Ordens vorzustossen und die gewonnenen Erkenntnisse gewissenhaft auf die heutige Zeit zu übersetzen. Nur so war es möglich, die nachkonziliare Umbruchsituation auch in unseren Klöstern, gezeichnet durch Unsicherheit und Nachwuchsmangel, durchzustehen, keinerlei Resignation aufkommen zu lassen, sondern vielmehr diese Jahre als echte und tiefe Glaubenserfahrung zu leben.

Wer aufmerksam den Kommentar zum Ordensdekret »Perfectae Caritatis« durchliest, spürt, wie energisch einige profilierte Konzilsväter eine gewisse Anpassung der Lebensweise in den Klöstern an die modernen Zeitverhältnisse forderten, auf dass heutige junge Menschen bei uns die nötige Geborgenheit und auch einen Freiraum für ein Minimum an eigener Lebensgestaltung fänden.

Das Ordensleben darf und soll – wenn es glaubwürdig sein will – seinen eigenen Lebensstil haben. Es ist für Gott und die Menschen da, darum soll es einerseits verständlich, andererseits aber auch eine gezielte Herausforderung an die Menschen sein. Diese beiden Aspekte finden ihren konkreten Ausdruck im Aufbau der Schwesterngemeinschaft, in der Art und Weise der Gottesdienst- und Gebetsgestaltung, im Arbeitsbereich, wo eine reife Selbständigkeit erwünscht ist, in der Hygiene und Pflege der Gesundheit, im Angebot an Freizeit und Musse, in einer massvollen Öffnung nach aussen, in der Busspraxis und dem schwesterlichen Miteinandersein. Der klare Auftrag heisst: Anpassung der klösterlichen Lebensweise, des Gebetes und der Arbeit, an die körperlichen und seelischen Voraussetzungen des heutigen Menschen.

Jede Schwesterngemeinschaft, vor allem der Franziskanerorden, ist »von Natur aus« auf Brüderlichkeit, Schwesterlichkeit und Familie angelegt, und wie überall dort, wo Familie gelingen soll, kommt es auf die Mutter an. Darum tragen die Oberinnen in den Kapuzinerinnenklöstern den Namen »Frau Mutter« oder noch einfacher »Mutter«. Chronik und mündliche Überlieferung erhalten das Andenken an eine ganze Anzahl hervorragender Frau Mütter lebendig, die – warmherzig und mit einem gesunden Hausverstand begabt – nach Kräften für ihre Klosterfamilien sorgten. Sie haben im Laufe der Jahrhunderte unsern eher herben, aber fröhlichen Schwesterntyp geprägt.

Sicher war die Familienordnung eine matriarchalische: Die Frau Mutter befahl, die Schwestern gehorchten; im übrigen war der Tages- und Jahresablauf durch Vorschriften und Gebräuche geregelt. In den vom Kirchenrecht vorgesehenen Fällen – Wahl der Frau Mutter und des Beichtvaters, Aufnahmekapitel für neue Konventmitglieder – besassen die Schwestern das Stimmrecht; es war ihnen auch gestattet, brieflich oder mündlich ihrem höheren Ordensobern, dem Bischof von St. Gallen oder dessen Stellvertreter, wichtige Anliegen oder Beschwerden vorzutragen.

Vielleicht kamen wir damit der Mahnung und dem Wunsch der hl. Klara von Assisi, »es sei bei allen wichtigen Angelegenheiten, welche die Schwesternschaft betreffen, auch die Meinung selbst der Jüngeren anzuhören, weil auch ihnen der Hl. Geist verliehen sei«, nicht ganz nach. Das war unterschwellig zu spüren, und hier galt es anzusetzen.

Die guten Erfahrungen, die wir mit dem Dialog zur Revision der Satzungen gesammelt hatten, wiesen uns einen gangbaren Weg. Wir finden uns unter dem Vorsitz der Frau Mutter zu den sogenannten Hauskapiteln zusammen. Da gibt es freie Aussprache bei Aufnahme eines Protokolls. Dieses wird im Archiv hinterlegt. So stellen wir uns den Problemen, wie sie die vom Konzil geforderten Umstellungen mit sich bringen.

Die bisherige Struktur der Klosterfamilie veränderte sich dabei fast unmerklich: Aus dem klar und unmissverständlich gegliederten Oben und Unten wurde ein Miteinander; aus dem Frauenkonvent mit schwesterlichem Einschlag wurde eine Schwesterngemeinschaft, der das mütterliche Element nicht fehlt – eine Form, die dem heutigen Menschen eher liegt und die jene Geborgenheit verspricht, wie sie heute ersehnt wird.

WESENSZÜGE KLÖSTERLICHER GEMEINSCHAFT

Erstes und Wichtigstes ist die Eucharistiefeier – das Herzstück der Liturgie – und die gesamte Gebetsgestaltung.

Damit alle Gottesdienstbesucher am eucharistischen Geschehen teilnehmen konnten, mussten zuerst die Voraussetzungen hierfür geschaffen werden. Diese fehlten an manchen Orten bis zu einem gewissen Grade, weil beispielsweise nur wenige Schwestern durch die Gitter der Empore auf den Hochaltar zu blicken vermochten, und allzuoft wurde – durch an sich wertvolle, aber andersgelagerte Andachten – aus der Teilnahme an der hl. Messe ein blosses Dabeisein. Auf Anfrage sprach der damalige Diözesanbischof Josephus Hasler den entschiedenen Wunsch aus, es möchten die Schwestern im Schiff der Klosterkirche der Eucharistiefeier beiwohnen. Es war eine der einschneidendsten, aber auch beglückendsten Neuerungen für die damals an eine völlige Zurückgezogenheit gewöhnten Schwestern.

Alles übrige folgte als Konsequenz: 1966 ein vorläufiger Altar zum Volke hin, der durch die Kirchenrenovation seine endgültige Gestalt in verbesserter Form annahm; die Anschaffung aller vorgeschriebenen Altarmissale und Gesangbücher; der Besuch einiger Kurse an der Diözesan-Musikschule durch unsere Organistinnen, um die neuen Gesänge zu erlernen; die weitere Pflege des gregorianischen Chorals und schliesslich der Dienst der Schwestern als Lektorinnen und bei der Kommunionsausteilung.

Es fand ein starker Wandel statt vom Mitfeiern der hl. Messe als Privatsache zur aktiven Teilnahme an der hl. Eucharistie als Gemeinschaft.

Das Chorgebet ist ein gemeinsames Gebet im Auftrag der Kirche, zu gewissen Zeiten des Tages, innerhalb gewisser Formen, entsprechend dem Ablauf des Kirchenjahres.Man spricht in diesem Zusammenhang auch vom Offizium, vom Brevier und vom Stundengebet und als dessen Aufteilung (Laudes, Terz, Sext, Non, Lesehore, Vesper und Komplet) – Ausdrücke, die zum Teil in der römischen Militärsprache zur Wachtablösung gebraucht wurden. Das Chorgebet nimmt im Gebetsleben einer Schwesterngemeinschaft einen hervorragenden Platz ein. Er musste errungen werden. In einem Anbetungskloster z.B. besteht immer die Gefahr, den Anbetungskult zu verabsolutieren und das Chorgebet hintanzusetzen, anstatt es in einer umfassenderen Sicht zum hauptsächlichen und vornehmsten Anteil dieser Anbetung werden zu lassen.

Das Ziel jeder Gemeinschaft ist es, ihren Kräften entsprechend dieses Gebet der Kirche immer reicher und schöner zu gestalten, um so bewusster an ihrem Lobpreis des lebendigen Gottes teilzunehmen.

Die »Ewige Anbetung«, wie sie als besondere Form eucharistischer Frömmigkeit seit Mitte des 18. Jahrhunderts in manchen ostschweizerischen Frauenklöstern gepflegt wird, war ursprünglich gedacht als Tabernakelwache rund um die Uhr. Diese Intensität des Einsatzes ist allerdings nur gewährleistet, wenn die betreffenden Schwesterngemeinschaften regelmässig durch junge, unverbrauchte Kräfte erneuert werden.

Die Ewige Anbetung ist eine intime Form der Gottesverehrung und der Liebe zu den Mitmenschen, deren Anliegen gerade hier innigst dem Herrn empfohlen werden. Deren äussere Gestaltung dem Empfinden des heutigen Menschen, auch des Laien, der die Klosterkirche besucht, anzupassen, war ebenfalls eine Aufgabe, die gelöst werden musste. Während der Anbetungsstunden wurde früher auf der Empore nach vorgegebenen Texten laut gebetet. Um dem Bedürfnis des Kirchenbesuchers nach Ruhe und Besinnlichkeit entgegenzukommen, begannen wir 1968 für die Hälfte der Gebetsstunden Stille einzulegen. Eine noch befriedigendere Lösung anstrebend – noch mehr Stille und zugleich sichtbare Präsenz der Schwestern – verlegten wir die Anbetung in den Altarraum der Kirche. Die Schwestern durften von nun an ihre Anbetung frei gestalten. Die möglichste Ruhe im Gotteshaus war gewährleistet. Der oftmals gehörte Ausspruch, im Klösterli werde nicht mehr gebetet, verlor seine Spitze.

Das Gebet für Wohltäter – dazu eine Geschichte: Eine mündliche Überlieferung in unserem Kloster besagt, es hätte Ende des 18. Jahrhunderts ein Wohltäter den Klosterfrauen zu Notkersegg ein Fässchen Wein geschenkt und sich dabei gewünscht, es möchte dafür die Namen-Jesu-Litanei für ihn gebetet werden. Noch zu Beginn des Konzils, also noch nach zirka 180 Jahren, wurde diese Litanei täglich nach der hl. Messe gebetet! Andere Wohltäter – andere Gebetsmeinungen; es häuften sich die verschiedensten Gebete, die alltäglich oder allmonatlich zu verrichten als Dankespflicht angesehen wurde, eine Praxis, die nicht mehr zu durchschauen war. Das Bedürfnis, für die Wohltäter zu beten, verlangte nach einer anderen Form!

Bischof Otmar Mäder von St. Gallen gab 1977 seine Richtlinien zum Gebet in den Frauenklöstern heraus, eine äusserst ausgewogene Zusammenfassung traditioneller und moderner Gebetsauffassung, mutig und befreiend. Darin wird das Gebet für lebende und verstorbene Wohltäter in die Fürbitten der hl. Messe und des Chorgebetes eingeordnet, wo es, besonders im Rahmen der »Grossen Danksagung« (was Eucharistie bedeutet) viel wirksamer zu sein vermag. – Pietät und Dankbarkeit gegenüber jenen Menschen, die uns Gutes tun, sind nicht weniger geworden!

Sr. M. Gertrud Harder

Die junge Frau verlässt – zunächst auf Zeit – die angestammte Umgebung, verlässt Familie, Freundeskreis, das bürgerliche Leben und tritt ins Kloster ein. Sie wird Kandidatin, was übrigens wörtlich übersetzt »Weissgekleidete« heisst. Noch aber trägt sie nicht das Ordenskleid. Sie schaut sich vielmehr um, ob ihr die neue Umgebung zusage, ob sie sich in dieser Existenz zurechtfinden und den grossen Schritt wagen könne, der dann die endgültige Loslösung vom bürgerlich-profanen Leben bedeutet.

WATTWIL Kandidatin in der Klostergemeinschaft

Bei der Einkleidung erhält die Kandidatin das klösterliche Gewand, das Ordenskleid. Es wird ihr gewissermassen von der Gemeinschaft überreicht, die sie aufzunehmen bereit ist. Die Einkleidung wird in einem liturgischen Akt vollzogen, der den Beginn ihrer Hingabe an Gott kennzeichnet. Nun fängt das Noviziat an, eine Zeit der Einübung in das Ordensleben. Die junge Frau hat genau so Anspruch darauf, während ein bis zwei Jahren ihr Zusammenleben mit der Klostergemeinschaft zu prüfen, wie diese ihrerseits prüft, ob sich die Novizin für das Ordensleben und für die Gemeinschaft eignet. Unter der Novizenmeisterin lernt die angehende Schwester die Regeln des Ordenslebens kennen und erhält Zeit, sich spirituell und charakterlich zu formen. Eine Entscheidung von so grosser Tragweite, wie sie das Leben in einem geschlossenen Kloster bedeutet, bedarf reiflicher Überlegung, einfühlender Begleitung und vor allem auch der Gewissheit, bis zum ewigen Gelübde den Schritt zurück tun zu dürfen.

WIL Einkleidung

Am Tag der Profess ist die Entscheidungsphase durchgestanden, der Entschluss gefasst. Die junge Frau verpflichtet sich aus freien Stücken und in rechtsgültiger Form, inskünftig im Sinne der »Evangelischen Räte« zu leben, das heisst in Armut, in Ehelosigkeit um des Reiches Gottes willen (Jungfräulichkeit) und in Gehorsam. Während die zeitliche Profess diese Verpflichtung zunächst auf einige Jahre ausdehnt, ist die ewige Profess unauflöslich, sie gilt bis zum Tod. So heisst es bei Matthäus 19,21: »Wenn Du vollkommen sein willst, geh, verkaufe deinen Besitz und gib das Geld den Armen; so wirst du einen bleibenden Schatz im Himmel haben; dann komm und folge mir nach.«

BERG SION
Profess, Niederwerfung

Anlässlich der ewigen Profess erneuert die Klosterfrau ihr Gelübde. Dies geschieht im feierlichen Gottesdienst; die priesterlichen Funktionen nimmt meist der Bischof oder Abt wahr, und die versammelte Gemeinschaft, zu der sich Eltern und Angehörige gesellen, nimmt regen Anteil am Geschehen. Nach der Niederwerfung vor Gott unterzeichnet sie die Professurkunde, die schon die Benedikts-Regel erwähnt, und womit auch seitens der Kirche die Gültigkeit des Gelübdes anerkannt und garantiert wird. Dieser Vertrag, der Empfang des Ringes und der Blumenkranz auf dem Haupt sind äussere Zeichen einer geistlichen Vermählung mit Christus, vergleichbar einer Hochzeitsfeier, deshalb gehört übrigens auch zur Profess im Kloster ein weltlicher Teil.

TÜBACH
Unterzeichnung der Professurkunde

Berg Sion
Profess, Festmahl mit
Familienangehörigen

BERG SION Profess, weltliche Feier

Ähnlich wie im Eheleben wird das fünfzigjährige Jubiläum der Profess, die goldene Profess, feierlich mit einem kleinen Fest begangen, zu dem wieder die Angehörigen eingeladen werden. Das Leben ist ruhiger geworden. Häufig werden in diesem Alter die Schwestern von wichtigen Aufgaben entbunden; sie suchen sich natürlich immer noch nützlich zu machen. Die klösterliche Gemeinschaft nimmt sie auch im Alter, trotz ihrer Beschwerden und Besonderheiten, liebevoll auf; die Professschwester bleibt voll in die Gemeinschaft eingebunden, nimmt, soweit es ihr möglich ist, am Klosterleben teil und wird von der Gemeinschaft umsorgt.

NOTKERSEGG Goldene Profess

Der kirchliche Kalender mit seinen Hochfesten, die Sonn- und Feiertage, die Zeiten Advent, Fasten, Karwoche, Bittage usw., der Mai als Marienmonat oder der Rosenkranzmonat Oktober, das Patrozinium und all die Heiligenfeste haben im profanen Leben viel an Gehalt verloren. Im Kloster hingegen bestimmen sie nach wie vor den Jahresrhythmus. Sie sorgen für ein gutes Mass an festen Gewohnheiten und bringen gleichzeitig die für eine menschliche Gemeinschaft nötige Abwechslung.

Häufig sind diese Zeiten und festlichen Tage mit altem Brauchtum verbunden, mit besonderen Ritualen. Die innige Verehrung des Jesuskindes zur Weihnachtszeit wird sichtbar in den aufgestellten Krippen oder den Fatschenkindern. Die Jesuskindfrömmigkeit ist ein Charakteristikum der Frauenklöster, das weit in die Jahrhunderte zurückreicht und im Barock seine starke Ausprägung erfuhr.

GONTEN Weihnachtskrippe im Refektorium

Streng eingehalten wird die Fastenzeit, wenn auch nicht mehr so rigoroses Fasten geboten ist. Aber der Speisezettel wird bewusst eingeschränkt, es wird verzichtet, Busse getan. Zeichen der Verbundenheit mit dem leidenden und sich aufopfernden Christus werden gesetzt, so zum Beispiel am Hohen Donnerstag mit der Fusswaschung oder mit der Kreuzverehrung am Karfreitag. Das liturgische Geschehen, wie es die Gläubigen in den Gottesdiensten vollziehen und wie es beispielsweise an Ostern in neuem Licht aufstrahlt, erhält innerhalb der engen klösterlichen Gemeinschaft und in der völligen Abgeschlossenheit eine viel tiefere Ausdeutung, ein bewussteres Mitgehen, Mitleiden und Mitfreuen.

Zwar hat das Zweite Vatikanum die jahrhundertealten liturgischen Gepflogenheiten auch in den Klöstern verändert. Traditionen sind angepasst, neue Formen eingeführt worden. Anderes ist ohne grosse Veränderungen geblieben, beispielsweise Prozessionen innerhalb der Klausur, etwa an Christi Himmelfahrt oder Fronleichnam. Ausgeprägt wie eh und je sind die eucharistischen Feiern zu den festlichen Zeiten, vom Spiritual, dem Hausgeistlichen, zelebriert, zuweilen auch von einem zu Gast weilenden Priester oder Ordensoberen. So geschieht innerhalb der Klostergemeinschaft Gottesdienst, wie er überall auf der Welt vollzogen wird und als Gesamtheit Kirche Christi ist.

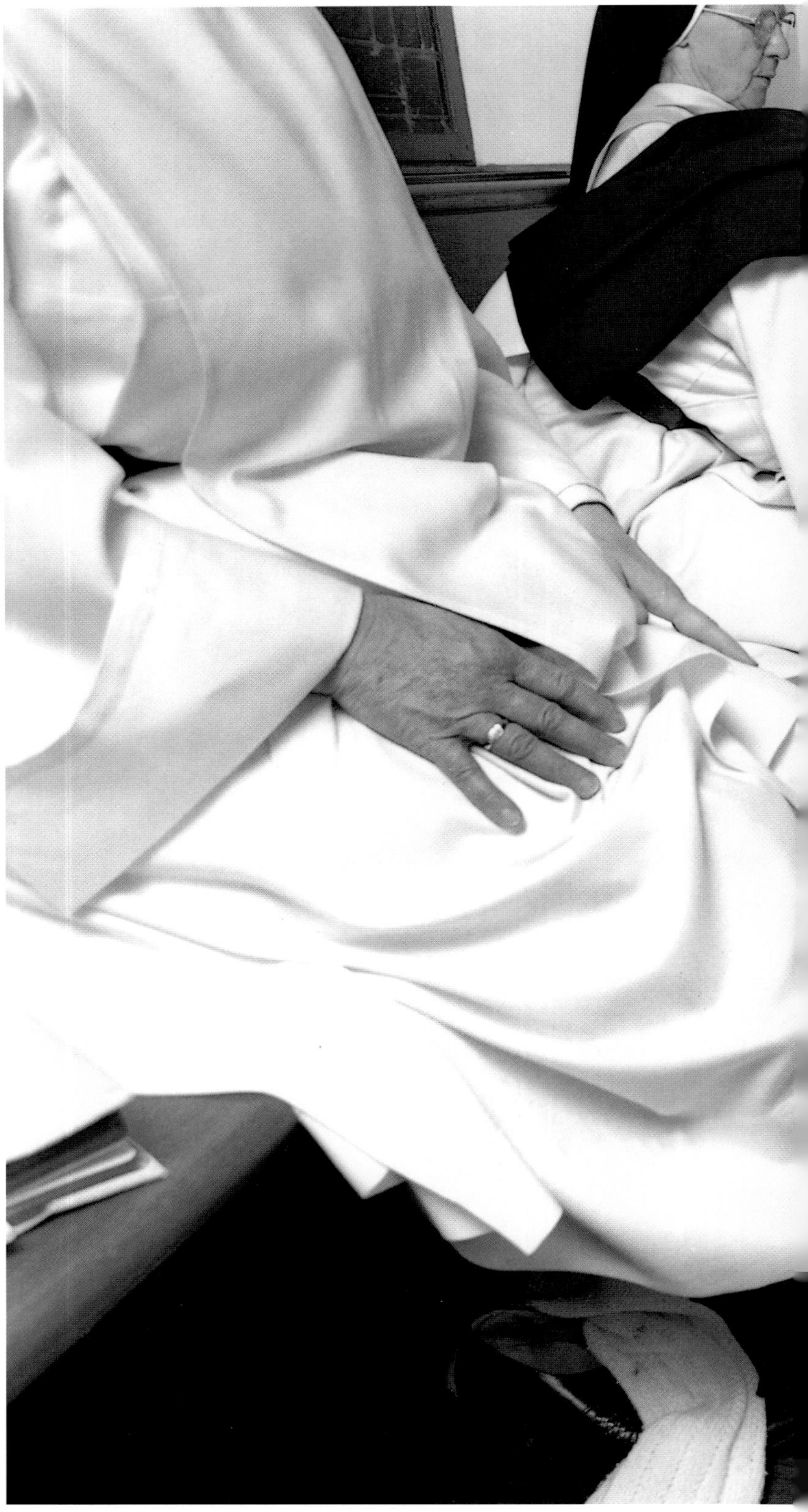

WIL Hoher Donnerstag, Fusswaschung

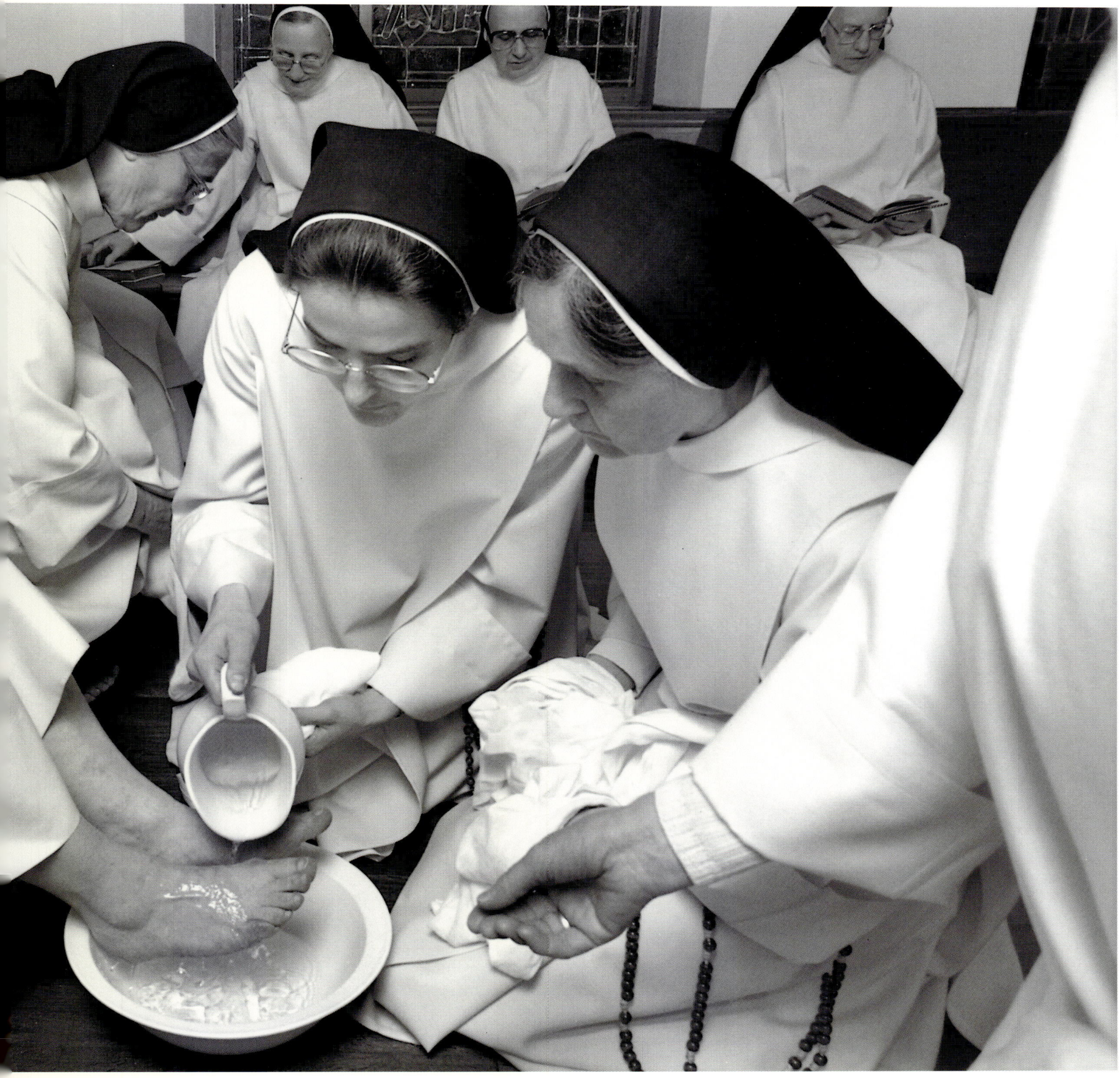

WIL Karfreitag, Kreuzverehrung

WIL Osterfeuer

GLATTBURG Pfingsten, Entfernen des Antependiums am Reliquienaltar

WIL Sr. M. Caritas Huber, Sakristanin, mit Vortragekreuz

GRIMMENSTEIN Fronleichnamsprozession im Klostergarten

BERG SION Begräbnis

GLATTBURG Klosterfriedhof

Mit Motorsägen hantierende Klosterfrauen! Der Gegensatz zum Bild der betenden Nonne könnte nicht grösser sein. Doch das gehört zur Selbstversorgung. Obschon solcherart klösterliche Schwerarbeit eher selten geworden ist, erachten es die Frauen als ihre selbstverständliche Pflicht, dort Hand anzulegen, wo Güter genutzt werden, wo gepflanzt und geerntet wird.

Das Klostergut bildete einst die Voraussetzung und Grundlage, um ein Kloster zu errichten und es in seiner Existenz zu sichern. Die Stifter sorgten dafür, die Gemeinschaften selber und weitsichtige Vorsteherinnen verstanden es, den ihnen anvertrauten Besitz zu wahren und sinnvoll zu mehren. Der Landbesitz und sein Ertrag lieferten und liefern heute noch die Grundnahrungsmittel; der Wald das Brennholz, das zum Beispiel auf Berg Sion in einer modernen Schnitzelheizung verwertet wird. Wer für sich selbst zu sorgen hat, kann die Arbeiten weder auswählen noch einfach von anderen verrichten lassen. Auch im Kloster, wo zwar Gebet und Andacht im Mittelpunkt stehen, legen alle – nach Möglichkeit den Eignungen und Neigungen entsprechend – Hand an. Dies liegt im monastischen »ora et labora – bete und arbeite« begründet, ist aber zweifellos eine wichtige Voraussetzung, das anspruchsvolle Leben in Abgeschiedenheit zu bewältigen. Man ist durchaus geneigt, den engen Kontakt zur Natur und Kreatur, zu den Gütern der Erde, als eine moderne alternative Lebensform zu betrachten. Nur fällt es vielen Klostergemeinschaften je länger desto schwerer, angesichts vieler betagter Mitschwestern und mangelnden Nachwuchses das vielschichtige Arbeitspensum zu bewältigen.

Berg Sion Waldarbeit

BERG SION Holzschnitzeln

BERG SION Schnitzelhaufen auf dem Klostergut

Der Klostergarten, nach Möglichkeit innerhalb der Klostermauern angelegt, dient der Selbstversorgung. Sein Ertrag macht das Kloster weitgehend autark und hält in nächster Nähe der Küche frisches Gemüse und Obst bereit. Klug angelegte Kulturen oder Gewächshäuser tragen ebenso zu ertragreicher Ernte bei wie die Kenntnisse und das Geschick einer versierten Klostergärtnerin. Hand in Hand mit der Küchenschwester und mit den für die Kloster-Ökonomie Verantwortlichen sorgt somit ein eingespieltes Team für das Wohl der Gemeinschaft.

Ausserhalb des Klosters liegen die Fluren und Äcker, auf denen Kräuter gesammelt, Blüten gelesen oder Kartoffeln geerntet werden. Und an den Hängen des Walensees, gleich über dem Klostergebäude, pflegen die Weesener Schwestern ihren Rebberg und können somit eigenen Wein trinken.

GRIMMENSTEIN Klostergarten
GRIMMENSTEIN Klosterfrauen beim Heilkräutersammeln (Seite 160/161)

WONNENSTEIN
Lindenblütenpflücken
vor der Klosterpforte

GRIMMENSTEIN Blütendarre im Estrich
GLATTBURG Vesper beim Heuen

GLATTBURG Kartoffelernte

WEESEN
Wümmet im Klosterrebberg

Der heilige Franziskus hätte gewiss seine helle Freude an dieser Bildsequenz. Fleisch steht zwar – besonders nach franziskanischer Tradition – eher selten auf dem Speisezettel der Klosterfrauen. Hingegen legten vor allem Zisterzienserinnen und Benediktinerinnen grossen Wert auf die Land- und Viehwirtschaft und betrieben diese meist auch selber. Heute nehmen Angestellte oder Pächter ihnen diese Arbeit grossenteils ab. Wenn es jedoch ums Füttern der Tiere geht, um das Eintreiben der Schafe, oder wenn ein gut gemästetes Schwein geschlachtet werden muss, geschieht dies noch immer unter wackerer Mithilfe der Schwestern, beispielsweise auf Glattburg. Und selbst dort, wo ein Traktorfahrer benötigt wird, stellen die Schwestern ihren »Mann«. Daneben sind natürlich der Hühnerhof und die Schafweide, das Bienenhaus und vor allem der Kuhstall des Pächters wichtige Quellen, um den Nahrungsmittelbedarf eines Klosters zu decken.

GLATTBURG Borstenvieh

Grimmenstein Hühnergehege

MAGDENAU Bei den Schafen

KONTEMPLATION – DAS SCHWESTERLICHE MITEINANDERSEIN

Die Grundbefindlichkeit des geschlossenen Klosters ist die Kontemplation, das beschauliche Leben. Kontemplation wird in den Konzilstexten wie folgt umschrieben: Sie ist ein aufs Ganze gerichteter Blick, eine Zusammenschau; sie wird bewertet als die höchste Tat des Menschen und bedeutet Lebensgemeinschaft mit Gott; sie ist Gebetsinnerlichkeit.

Somit ist klar, dass die Schwestern in einem Spannungsfeld von Aktion und Kontemplation stehen. Sie haben den gesunden Ehrgeiz, nach Möglichkeit selber für sich aufzukommen, und das bedingt emsige Arbeit; noch mehr sind sie sich des Zartesten und Innigsten und Wichtigsten in ihrem Leben bewusst, in Verborgenheit, ganz unverzweckt, für den HERRN dazusein.

Es war uns also vom II. Vatikanischen Konzil her aufgegeben, alle Voraussetzungen zu schaffen, in der diese kontemplative Berufung gedeihen und sich entfalten kann, nämlich eine gute Gebetsatmosphäre, genügend Zeit für persönliches Gebet, Betrachtung und Meditation; hierzu gehört auch die Möglichkeit, neue Meditationsformen kennenzulernen. Auf dass echtes beschauliches Leben gelinge, muss aber auch »Ordnung im Hause sein«; soll Harmonie den Geist wie von selbst zum Göttlichen hinführen, muss das Klima stimmen. In diesem Zusammenhang ist zum zwischenmenschlichen Bereich höchste Sorge zu tragen, sind all jene Gebräuche, welche die Busspraxis und das gemeinschaftliche Leben regeln, in Einklang mit dem Empfinden des heutigen Menschen zu bringen, ohne etwas von der christlichen Substanz preiszugeben.

Busse? – Sie ist das Evangelischste, das man sich denken kann. Das öffentliche Leben Jesu begann mit dem Aufruf: »Tut Busse, denn das Himmelreich ist nahe« (Mt 3,2; 4,17; Mk 1,15; Lk 3,5; 3,8). Der Herr wollte sagen: »Kehrt um, Gott ist in diese Welt eingebrochen; seht zu, dass ihr ihn zur Mitte eures Lebens macht, lasst es euch etwas kosten, auch wenn's wehe tut, euch fähig zu machen zu seiner Nachfolge!« – Busse bedeutet also Umkehr des Herzens, die immer wieder mit der Gnade Gottes erworbene Bereitschaft, Gott zum alles bestimmenden Faktor des eigenen Lebens werden zu lassen. Wehtun hiesse dann, die geeigneten Mittel einzusetzen, um diese Bereitschaft zu stählen und wach zu erhalten. Das wäre dann auch der Sinn der Busswerke.

Klassische Busswerke waren von jeher das Fasten und das Almosengeben; die ersten Christen übten sie auf das gewissenhafteste. Dazu kam bei ihnen die selbstverständliche Bereitschaft zum Blutzeugnis für Christus. Als Kaiser Konstantin der Kirche Freiheit und ungehinderte Entfaltung ermöglichte, zogen sich Scharen von Christen in die Wüste zurück, um als Ersatz für das Blutzeugnis ein äusserst entsagungsvolles Leben zu führen, zuerst als Einsiedler, dann zu losen Gemeinschaften verbunden. In dieser heroischen Zeit wurzelt das Ordensleben. Damals begann die Praxis der mannigfachsten Busswerke; mehr oder weniger von den Orden übernommen, war sie wirksam bis in die neuere Zeit. Es bildeten sich eigentliche Busswerkzeuge heraus, und auch im Klosterarchiv zu Notkersegg bewahrt man welche ehrfürchtig auf. Kopfschütteln? – Niemand hat das Recht, religiöse Gepflogenheiten vergangener Zeiten zu verurteilen, nur weil man sie heutzutage nicht mehr nachvollziehen kann. Helden der Glaubensverkündung und der Nächstenliebe haben sich derartige »Busswerke«, zum Beispiel Schlafentzug, Geisselungen und rigoroses Fasten auferlegt, und wir Schwestern stehen kraft mündlicher und schriftlicher Überlieferung für unsere Vorfahren im Klösterli ein, dass auch sie sich körperlich wehe taten, weil lauterste Bussgesinnung sie beseelte.

Der Bussgedanke ist in unserm Orden grundlegend, denn die allerersten Franziskaner nannten sich »Männer der Busse aus Assisi«. In der von Zeitgenossen verfassten Lebensbeschreibung der hl. Klara liest man, sie hätte durch anhaltendes Fasten und Büssen »das Alabastergefäss ihres Leibes zerbrochen, um den Wohlgeruch ihrer Tugenden ausströmen zu lassen!« – Es ist eine Sprache, die uns heute kaum mehr liegt, aber dahinter steht die Radikalität des christlichen Lebens, die sich beispielhaft mit der fraulichen Hingabebereitschaft verband. Uns ist es aufgegeben, diesem Beispiel in zeitgemässer Form zu folgen.

Wir überdachten neu den Bussgedanken und erkannten neu die Notwendigkeit, dass neben der allgemeinen unerlässlichen Umkehrbereitschaft, vor allem auch im Hinblick auf das Paulinische Wort: »Ich ersetze an meinem Leibe, was dem Leiden Christi mangelt« (Kol 1,24), Akzente zu setzen sind und dass Busse in diesem Sinne auch in unserm Leben verwirklicht werden soll, aber ohne Leistungszwang und ohne Leistungsdenken. Deshalb sollte sie, von wenigen Ausnahmen abgesehen, von der Ebene der gemeinschaftlichen »Übung« in die persönliche Sphäre der Schwester gehoben werden. Und Busse soll die Gesundheit und Leistungsfähigkeit der Schwester nicht beeinträchtigen, denn die Belange des Gebetes und der Gemeinschaft haben stets den Vorrang.

Das schwesterliche Miteinander heisst zunächst: Als Schwesterngemeinschaft sind wir vor dem Staat eine juristische Person, die über einen gewissen Besitz verfügt und ihre staatsbürgerlichen Rechte und Pflichten hat. Als Schwestern der gleichen Klosterfamilie teilen wir alles miteinander, ohne Anspruch auf irgendeinen Besitz zu erheben, ausser in den vom Kirchenrecht vorgesehenen Fällen, und auch da verzichten wir freiwillig auf das Verfügungsrecht. Alles: Kleider, Gebrauchsgegenstände, ja auch Amt und Würden betrachten wir als »Lehen« und tragen entsprechend Sorge dazu. Was durch die Arbeit erworben wird sowie Geldgeschenke kommen in die gemeinsame Kasse, aus der für die Bedürfnisse der Schwestern gesorgt wird. Längst wissen wir, dass Gerechtigkeit nicht dort herrscht, wo alle das gleiche haben, sondern dort, wo jeder Mensch hat, was er braucht. So ist das Leben der einzelnen Schwester – in normalen Zeiten – ohne jede Existenzsorge, und sie kann sich voll und ganz ihrer geistigen Aufgabe widmen. Um sie aber trotzdem an der Verantwortung der Frau Mutter und von deren Vikarin für die Wirtschaftlichkeit des Betriebes teilnehmen zu lassen, legen wir der Gemeinschaft im Rahmen eines Hauskapitels die Jahresrechnung vor. Wenn es darum geht, wichtige Neuanschaffungen, Neubauten und Renovationen zu planen, steht den meisten Klöstern in höchst verdankenswerter Weise ein in finanziellen Belangen versierter Laie zur Seite.
Das Zusammenleben der Schwestern ist von einer einfachen, herzlichen und vor allem fröhlichen Art: wir sind uns von Herzen zugetan, haben aber auch unsere Gegensätze und Spannungen. Die Ordensfamilie wächst ja nicht blutmässig zueinander, sondern nur durch die gemeinsame Berufung. Es sind deshalb gewisse Verschiedenheiten vorhanden, was Herkommen, Bildung und Temperament betrifft; aber in Freud und Leid zusammenzuhalten ist Ehrensache und eine immer wieder erlebte beglückende Wirklichkeit. Gegensätze und Spannungen sind der Beweis für eine gesunde, lebendige und vitale Lebensgemeinschaft und sind zu bewältigen. Dies allerdings hat mit der grössten Gewissenhaftigkeit zu geschehen, denn nur in der Liebeseinheit verfügt eine religiöse Gemeinschaft über jene geistige Stosskraft, die von ihr erwartet wird. – Differenzen zwischen zweien sind unter vier Augen zu bereinigen; Verstösse gegen die schwesterliche Liebe, deren Zeugen Drittpersonen waren, verlangen neben der privaten Versöhnung auch nach einer Genugtuung vor der Gemeinschaft, die eben verletzt worden war. Konnte man sich früher eher hinter einer allgemeinen Formel verstecken, so haben wir nun, gerade durch die Anregung des Konzils, zu einer schönen Spontaneität und befreienden Offenheit im Schuldbekenntnis zurückgefunden, eine wertvolle und tiefgreifende Erneuerung.

Busse? – Sich den berechtigten Ansprüchen der Gemeinschaft ausliefern, nicht ausweichen und sich aktiv verantwortlich fühlen für eine positive Atmosphäre im Kloster, jahre- und jahrzehntelang mit den gleichen Menschen zusammen am gleichen Ort, das ist die wirksamste und ehrlichste Form von Busse und zugleich ein Quell der Freude!

Die Armutsformen im gemeinschaftlichen Leben haben wir dadurch aufgelockert, dass die Schwestern einander nun auch kleine Geschenke machen können. Blumen! – sie sind die einzige Verschwendung, die wir uns leisten. Beides – Geschenke machen (und seien es auch nur winzig kleine) und die Freude an den Blumen als einem Symbol der Schönheit – rühren zutiefst an unser Frausein, und dieses unser Frausein wollen wir bewusst pflegen. Dazu gehört im Rahmen der Armut, die wir gelobt haben, auch eine gepflegte Gastfreundschaft.

So darf gesagt werden, dass in den Klöstern wirklich Familie gelebt wird als Grundlage des Wohlbefindens und einer ganzheitlichen Entfaltung des einzelnen Familienmitgliedes: Lebensqualität im wahrsten und tiefsten Sinne des Wortes.

Sr. M. Gertrud Harder

Die Glocke ruft zum gemeinsamen Gebet, zum Gotteslob. Dieses findet im Schwesternchor, dem zentralen Raum des Klosters zu den festgelegten Zeiten statt. Nach diesen Gebetszeiten richtet sich die Tagesordnung. Für das Zisterzienserinnenkloster Magdenau sieht der Tagesablauf folgendermassen aus:

4.30	Aufstehen
5.00	Chorgebet: Mette anschliessend Betrachtung
6.30	Chorgebet: Laudes
7.00	Eucharistiefeier anschliessend Frühstück
8.45	Chorgebet: Terz
9.00	Arbeit
11.00	Chorgebet: Sext geistliche Lesung
11.30	Mittagessen Mittagsruhe
13.00	Arbeit
15.15	Chorgebet: Non
15.30	Arbeit
17.00	Chorgebet; Vesper geistliche Lesung
18.00	Nachtessen
19.10	Chorgebet: Komplet
21.00	Nachtruhe

WEESEN Im Schwesternchor

WATTWIL Andacht
BERG SION Im Schwesternchor

WURMSBACH Instrumentalensemble
MAGDENAU Chorgebet

MAGDENAU Meditation
WURMSBACH Orgelstudium

Die Schwester verpflichtet sich zum bedingungslosen Dienst Gottes in einer klösterlichen Gemeinschaft. Eine Gemeinschaft, die Stütze und Halt jedes Einzelnen sein möchte, kann für diesen auch eine Last sein, wird doch das zutiefst Menschliche nicht einfach durch die Existenz des Religiösen aufgehoben. Umgekehrt trifft auch die psychische oder physische Verfassung einer Mitschwester stets die Gemeinschaft als Ganzes und bedeuten für jeden Einzelnen eine Herausforderung.

ALTSTÄTTEN Im Gebet

ALTSTÄTTEN Gesangsprobe

TÜBACH Ewige Anbetung
BERG SION Stecktafel der Ewigen Anbetung

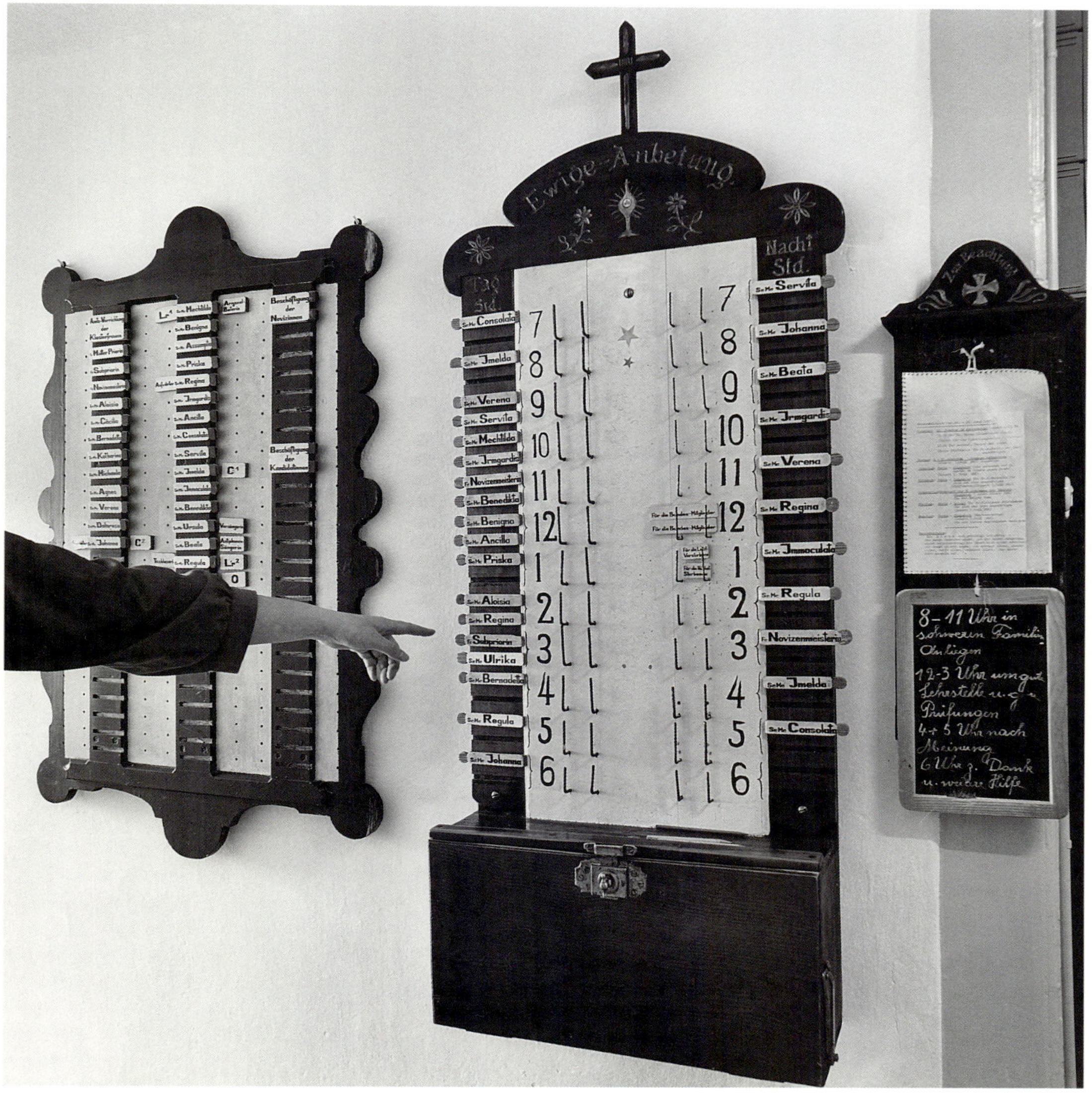

Seit dem Barock, vor allem durch die Initiative der St. Galler Äbte, wurde in den Frauenklöstern die Ewige Anbetung eingeführt, die allerdings heute mangels Schwestern nicht mehr überall eingehalten werden kann. Dieses beständige und immerwährende Gotteslob hat eine uralte Tradition. Stellvertretend für die Christenheit wurde diese Gebetshaltung schon in der Spätantike von Männergemeinschaften geübt, im Osten beispielsweise in Konstantinopel, im Wesen etwa in St. Maurice. Hymnen und Sequenzen, geistliche Gesänge, das Rosenkranzgebet oder das im Barock besonders gepflegte vierzigstündige Gebet bieten eine Fülle von Möglichkeiten, diese Tradition weiterzupflegen.

GEMEINSAMKEIT, GESUNDHEIT, ALTER

Gewiss ist im Hinblick auf eine gute leiblich-seelische Konstitution ein Minimum an persönlicher Freizeit unbedingt vonnöten: Freiwillig eingespannt in den vorgegebenen, gemeinsam geplanten Tagesablauf muss die Seele immer wieder in Musse und schöpferischem Tun ausschwingen können. So sind sowohl mit der Arbeitseinteilung wie mit der Bereitstellung geeigneter Räumlichkeiten die Voraussetzungen hierfür geschaffen worden. In den meisten Klöstern – je nach Klausurverständnis – sind im Laufe der Jahre kleine, gediegene Freizeitanlagen entstanden. Sehr oft besteht auch die Möglichkeit, Ferien in einem anderen Kloster oder an einem hierfür geeigneten, erholsamen Ort zu verbringen.
Hygiene als Vorbeugungsmassnahme gegen Krankheit, ist gerade in einem geschlossenen Kloster, wo doch stets die gleichen Menschen auf eher kleinem Raum zusammenleben, sehr wichtig. Diese Erkenntnis hat sich verhältnismässig früh durchgesetzt, offenbar unter dem Einfluss guter Hausärzte.

Bereits nach dem Ersten Weltkrieg begann man mit der Sanierung der Fussböden, mit der Isolation der im Winter oft mit Reif beschlagenen Zellenwände, mit der Modernisierung und Erweiterung der sanitären Anlagen und dem Bau einer Zentralheizung.

Die Weisung des II. Vatikanums ermunterte auch, noch mehr zu tun. Das Ordenskleid wurde etwas leichter tragbar gestaltet durch Verwendung gut waschbarer Habitstoffe und durch die Vereinfachung des Halsschleiers. Bekam man früher die Leibwäsche wöchentlich zugeteilt, so verfügt nun jede Schwester je nach ihrem individuellen Bedürfnis über genügend Wäsche – stets frisch gewaschen und gebügelt. Wo es die bauliche Situation zuliess, wurde fliessendes Kalt- und Warmwasser in den Wohnzellen der Schwestern installiert. Ausschlaggebend für diesen Entschluss war unter anderem die Rücksichtnahme auf die älteren und gebrechlichen Schwestern.

Was tun wir für die Pflege der Gesundheit? Licht, Luft und Wasser – für uns trotz Stadtnähe in guter Qualität vorhanden – sind die besten Mittel. Sie zu nutzen ist Aufgabe der einzelnen Schwester. Die Köchinnen sorgen für eine gute, abwechslungsreiche Kost mit biologisch gezogenem Gemüse aus dem eigenen Garten. Während Jahren turnten wir wöchentlich mit einer ausgebildeten Turnlehrerin, die zu diesem Zwecke das Kloster betreten durfte; wir machten jährlich einige ausgedehnte Spaziergänge innerhalb der Gemarkungen des Klostergutes. Um bei gesundheitlichen Unstimmigkeiten erste Hilfe leisten zu können, wurde in den letzten Jahren wiederum ein richtiger Kräutergarten angelegt. Selbstverständlich gehen wir zum Zahnarzt, haben wir unsere Hausärztin, welche die kranken und bettlägerigen Schwestern je nach Notwendigkeit besucht und betreut; auf ihren Rat hin werden auch Spezialärzte oder das Spital aufgesucht, um die Gesundheit wiederherzustellen. Selbstverständlich wird heute eine kranke Schwester im Spital von der Frau Mutter und, je nach Gelegenheit, auch von den Mitschwestern besucht. Als Kollektiv sind wir einer Krankenkasse angeschlossen.

Im Kloster wurde schon immer für die Kranken gesorgt, aber die heutige Aufgeschlossenheit für die Belange der Gesundheit ist weitgehend die Frucht des II. Vatikanischen Konzils.
Ein Wort noch zur Altersfürsorge. Es darf gesagt werden, dass dieselbe in den Klöstern allgemein gut gelöst ist. Die betagte Schwester hat, falls ein Spitalaufenthalt nicht unumgänglich ist, die Gewissheit, bis zur letzten Lebensstunde in der gewohnten Umgebung bleiben zu dürfen, getragen von der Dankbarkeit, Ehrfurcht und Zuneigung der jüngeren Schwestern. Die Krankenschwester umsorgt und geleitet sie, wenn ihre letzte Stunde gekommen ist, wenn immer möglich in der liebenden und betenden Gegenwart der Schwestern an die Schwelle der Ewigkeit. Die verstorbene Schwester wird auf dem Klosterfriedhof zur Ruhe gebettet. Das Andenken der Heimgegangenen bleibt frisch und lebendig: Noch nach Jahrzehnten, sogar Jahrhunderten wird jeweils am Vorabend ihres Sterbetages ihr Nekrolog bei Tisch vorgelesen. – Klösterliche Familientradition, wie sie im Konzil mit seiner Sorge um den ganzen Menschen tief verankert ist!

Sr. M. Gertrud Harder

NOTKERSEGG Sr. Margaretha Eisenring, Rätin, Kellermeisterin, Bäckerin
GLATTBURG Rekreation im Klostergarten (Seite 202/203)

HOHNER

ALTSTÄTTEN Gesundheitspflege
GLATTBURG Schwesterliche Zärtlichkeit

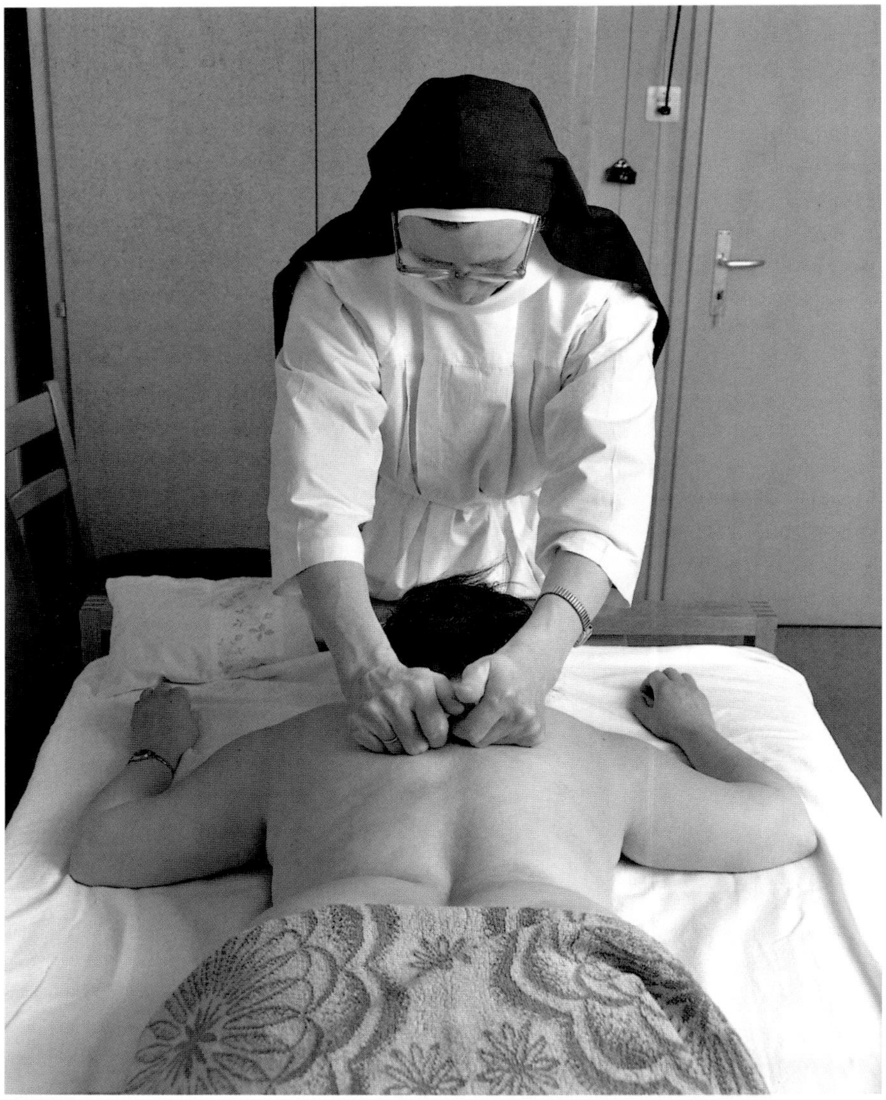

Gott dienen bedeutet für eine Schwesterngemeinschaft auch jegliches Zusammensein bei der Arbeit, beim Essen, in der freien Zeit. In froher Runde erlebte Stunden können ebenso beglückend sein wie mitschwesterlicher Spass; eine liebevolle Betreuung wirkt ebenso schmerzlindernd, wie ein freundlicher Blick oder eine kleine Geste aufzurichten vermag.

ALTSTÄTTEN Sr. M. Hedwig Wochner, Archivarin, Bibliothekarin

WATTWIL Sr. Mechtildis Kappler, Alt Frau Mutter
WIL Abwaschen des persönlichen Bestecks (Seite 208/209)

Gebet und alltägliche Verrichtung fliessen ineinaneinder über. Das Tischgebet leitet die Mahlzeit ein, erinnert an den Geber alles Guten und schliesst, bevor dafür gedankt wird, beispielsweise das eigenhändige Waschen des Geschirrs mit ein. Und wenn von Nahrung die Rede ist. so braucht der Mensch bekanntlich diese nicht nur auf dem Teller, sondern von Zeit zu Zeit auch in geistiger Form aus berufenem Mund. Dieses Vertrautsein mit Gebet und Arbeit, dieses Wechselspiel von Begegnung mit dem Nächsten und Nachdenken über Gott prägt ein menschliches Antlitz, formt auch im hohen Alter seine Züge oder drückt sich in den gemeinsamen Gesten eines Begegnungsfestes aus.

NOTKERSEGG Sr. M. Gertrud Harder, Frau Mutter, Archivarin, Imkerin, Wachsnerin
MAGDENAU Sr. Scholastika Moser, Glätterin

Harmonie ist ein Wesenszug des Zusammenseins. Unmittelbarer Ausdruck dafür ist Musik. Der Chorgesang der Schwestern – gregorianischer Gesang, Psalmen-Vertonungen oder Liedgut – wird ebenso gepflegt wie der Messgesang zu festlichen Anlässen, wozu auch das Zusammenspiel mit Sängerinnen, Sängern und, Instrumentalisten gehört. Harmonisches Zusammensein wird spürbar in unzähligen Gesten, Blicken und Handreichungen…

GRIMMENSTEIN
Gottesdienst mit Chor

GLATTBURG Ein kleiner Scherz
GRIMMENSTEIN Sr. M. Felizitas Graber

Was geht in einer Schwester vor, die mit blitzschnellen Handdrehungen die Fussballspieler, herumwirbelt, um bei der Mitschwester ein Tor zu schiessen? Spiel ist Entspannung. Spielen heisst auch, aus sich herausgehen und sich dem Gegenüber einmal ganz anders zu zeigen – verspielt, etwas versponnen auch – närrisch, wenn Zeit dazu ist oder neckisch, ganz so, als ob manchmal das Leben halt doch auch ein bisschen ein Würfelspiel wäre. Der Ernst des Alltags kommt rasch genug, ja selbst ein rassiges Federballspiel oder die tägliche Fitnessübung sind mehr Anstrengung als Spiel.

GONTEN Vergnügliches Spiel

HELVETIA MARIANA

Der Arbeitstag ist lang und geistig wie körperlich anstrengend. Erholung tut not. So ist der Rekreation auch im geschlossenen Frauenkloster Platz eingeräumt. Sie kann gemeinsam oder individuell gestaltet werden: Es wird gesungen, gejasst, Musik gehört, ferngesehen, gelesen, geturnt, trainiert, im Freien gespielt; sogar der Computer in der Buchhaltung wird zum Spielzeug umfunktioniert. Besonderes Glück hat ein Kloster wie Wurmsbach, das nicht nur eine Bootsanlegestelle, sondern auch ein Boot auf dem Zürcher Obersee besitzt.

Ein weiterer Ausgleich zum strengen Klosterleben, der zugleich Spannungen abbauen hilft, die sich in keiner engen Gemeinschaft vermeiden lassen, sind die weltlichen Feste, die in jedem Kloster auf besondere Weise gefeiert werden, vor allen natürlich die Fasnacht. Hier begegnet und mischt sich Barockes und Modernes zwanglos zum Ausdruck intensiver Lebensfreude.

Die Schwestern kommen auch in den Genuss von Ferien. Früher war dies nur innerhalb der Klostermauern möglich; gewisse Räume oder Abteilungen waren den Schwestern vorbehalten, die »in den Ferien« weilten. Eine Folge der durchs II. Vatikanum gelockerten Klausurvorschriften sind Ferien ausser Haus, sei's in einem Erholungsheim, wie es das Kloster Leiden Christi bei Gonten besitzt, sei's gar bei den Angehörigen. Der frühere Grundsatz, dass eine Konventualin die Klostermauern nach der Profess nicht mehr verlässt, ist auch heute noch für manche Ordensfrau Teil ihres klösterlichen Gelübdes.

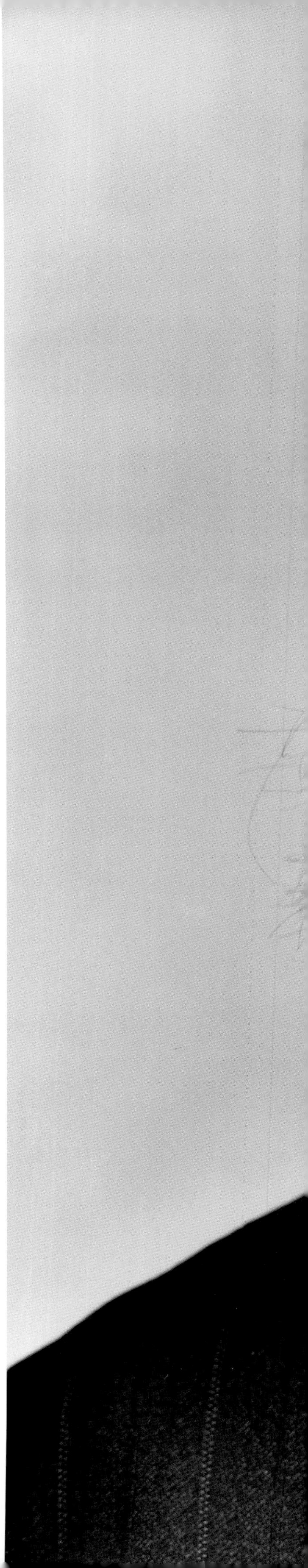

WURMSBACH Fasnacht
WURMSBACH Maskerade im Refektorium (Seite 224/225)

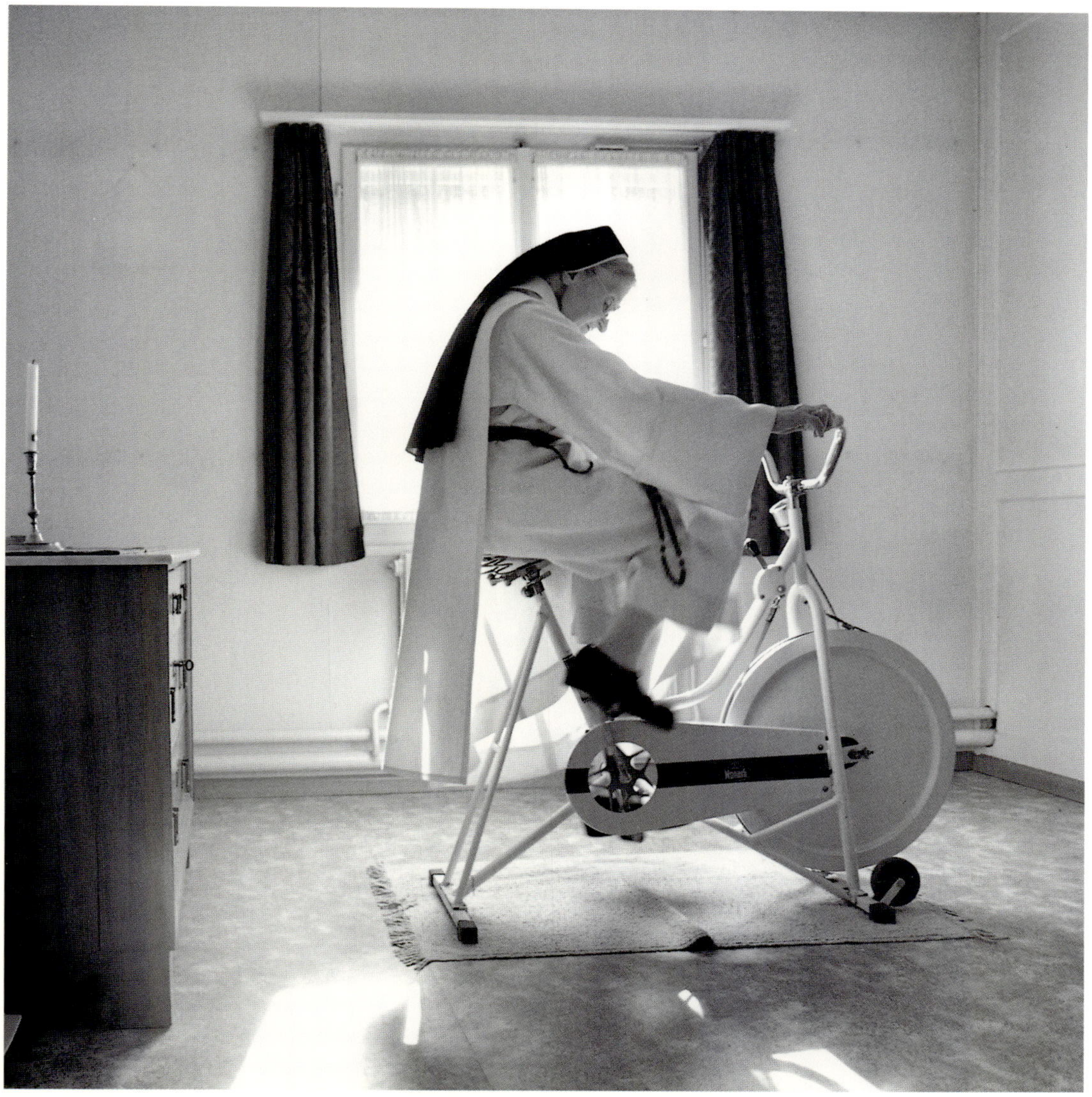

GLATTBURG Federball
WEESEN Fitnesstraining

Der Heilige Benedikt schliesst das vierte Kapitel seiner Regel, das von den »Werkzeugen der geistlichen Kunst« handelt, mit den Worten:
»Die Werkstatt aber, in der wir das alles sorgfältig verwirklichen sollen, ist der Bereich (die Abgeschlossenheit) des Klosters und die Beständigkeit in der Gemeinschaft.«
Die moderne Gesellschaft ist der Fähigkeit verlustiggegangen, Geborgenheit zu schaffen. Der »unbehauste Mensch« auf der Suche nach einem Zuhause verirrt sich nicht selten in die abseitigsten Gemeinschaften oder absurdesten Ideologien. Die unbestreitbare Geborgenheit, welche ein Kloster bietet, hat ihre Wurzeln in der Tiefe der Jahrhunderte, im gleichförmigen und gleichmässigen Tun der Generationen, auch im Ziel dieses Tuns. So umfängt sie den Menschen, der sich ihr anvertraut, in allen Lebensphasen mit eigentümlicher Kraft; sie umgibt ihn, auch wenn die Last der Jahre drückt und er den letzten Weg alleine gehen muss.

Wohin auch stets die Menschen eilen und wem immer sie in die Arme fallen, der Heilige Benedikt drückt dies am Schluss seiner Regel so aus:
»Wenn du also zum himmlischen Vaterland eilst, wer immer du bist, nimm diese einfache Regel als Anfang und erfülle sie mit der Hilfe Christi. Dann wirst du schliesslich unter dem Schutz Gottes zu den erwähnten Höhen der Lehre und der Tugend gelangen.«

WIL Altersturnen
WATTWIL An den Rollstuhl gefesselt (Seite 230/231)
WIL Begegnung (Seite 232/233)

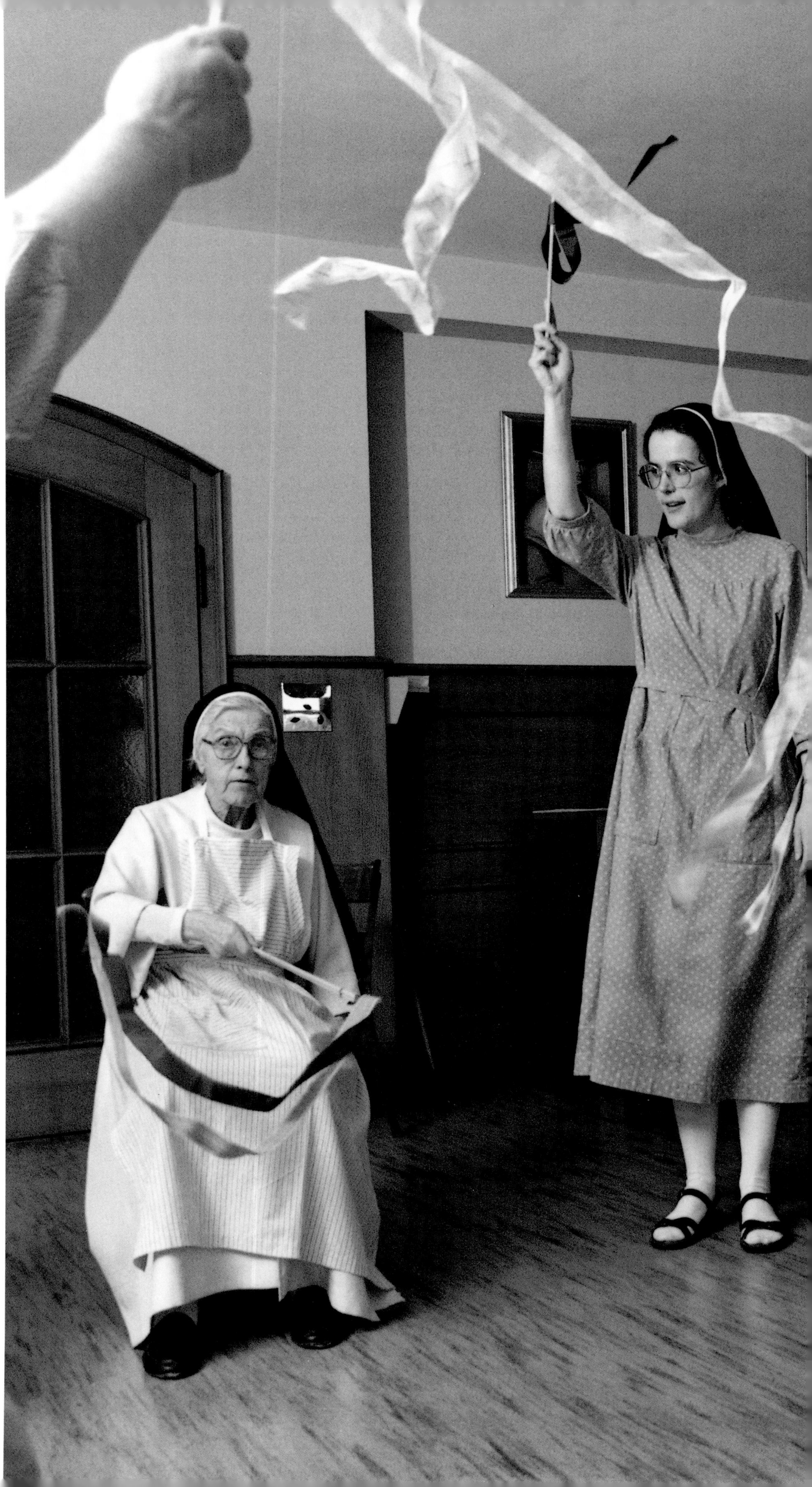

DIE KLOSTERGEMEINSCHAFTEN

OKTOBER 1993; JAHRZAHL = PROFESSJAHR

PRÄMONSTRATENSERINNENKLOSTER MARIA LORETO BERG SION, UETLIBURG-GOMMISWALD

1 Sr. M. Ursula Weber, Schneiderin, 1961; 2 Sr. M. Imaculata Knecht, Köchin, 1960; 3 Sr. M. Mechtilda Nöthiger, Gastschwester, 1943; 4 Sr. M. Bernadetta Schönenberger, Näherin, 1935; 5 Sr. M. Verena Stutz, Gastschwester, 1939; 6 Sr. M. Regina Schwyter, Gärtnerin, 1957; 7 Sr. M. Johanna Wächter, Garten und Wald, 1945; 8 Sr. M. Ancilla Sieber, Krankenschwester, 1958; 9 Sr. M. Regula Näf, Gärtnerin, 1990; 10 Sr. M. Imelda Jussel, Wald und Holz, 1960; 11 Sr. M. Katharina Bislin, Glätterin, 1936; 12 Sr. M. Irmgardis Hutter, Hausdienst, Konvent, 1957; 13 Sr. M. Theresia Widmer, Novizenmeisterin, 1944; 14 Sr. M. Benigna Frei, Glätterin, 1950; 15 Sr. M. Martina Jud, Subpriorin, 1928; 16 Sr. M. Aloisia Jud, Sakristanin, 1934; 17 Sr. M. Michaela Seiterle, Organistin, 1936; 18 Sr. M. Elisabeth Epping, Priorin, 1950; 19 Sr. M. Cäcilia Bütler, Pförtnerin, 1934; 20 Sr. M. Beata Krieger, Köchin; 21 Sr. M. Ulrika Betschart, Organistin, 1993; 22 Sr. M. Servita Koller, Gärtnerin, 1960; 23 Sr. M. Priska Sieber, Gastschwester, 1952

Nicht auf dem Bild: Sr. M. Benedikta Schaffnerin, 1960

KAPUZINERINNENKLOSTER MARIA ROSENGARTEN, WONNENSTEIN, NIEDERTEUFEN

1 Sr. M. Gabriela Hug, Fr. Mutter, 1955; 2 Sr. M. Martha Lüchinger, Sakristanin, 1927; 3 Sr. M. Ana Hubman, Nähen, Krankenschwester, 1942; 4 Sr. M. Klara Stoop, Apotheke, 1945; 5 Sr. M. Bernadette Krömler, Porte, Küche, 1958; 6 Sr. M. Elisabeth Kohler, Haushalt, 1966; 7 Sr. M. Armella Breitmoser, Assistentin, 1938; 8 Sr. M. Katharina Hinder, Gastschwester, 1936; 9 Sr. M. Hedwig Schläfli, Helferin, 1926; 10 Sr. M. Antonia Aregger, Hausgeschäfte, 1958; 11 Sr. M. Ancilla Schmuki, Liturgischer Gesang, Nähen, 1958; 12 Sr. M. Lidwina Hug, Helferin, 1930; 13 Sr. M. Agatha Strasser, Helferin, 1945; 14 Sr. M. Rita Willi, frühere Köchin, 1923; 15 Sr. M. Luzia Stäheli, Gärtnerin, 1947; 16 Sr. M. Scholastika Schwizer, Apotheke, Orgel, 1966; 17 Sr. M. Bonaventura Eigenmann, Gärtnerin, 1930; 18 Sr. M. Marietheres Lemmenmeier, Büglerin, 1926

ZISTERZIENSERINNENABTEI MARIAZELL, WURMSBACH, BOLLINGEN-JONA

1 Sr. M. Gertrud Enk, Schneiderin, 1947; 2 Sr. M. Imelda Bischof, Gärtnerin, 1943; 3 Sr. M. Josefa Rüegg, Handarbeitslehrerin, pens., 1939; 4 Sr. M. Aloisia Flammer, Näherin, 1934; 5 Sr. M. Luzia Wittenweg, Priorin, 1967; 6 Sr. M. Clara Romer, Äbtissin, 1944; 7 Sr. M. Madeleine Federspiel. Gästebetreuung, Sekretärin, 1975; 8 Sr. M. Hedwig Gschwend, Bäckerin, 1938; 9 Sr. M. Beatrix Oertig, pens. Lehrerin, 1943; 10 Sr. M. Antonia König, Köchin, 1947; 11 Sr. M. Andrea Fux, Lehrerin, 1991; 12 Sr. M. Ruth Helbling, Gärtnerin, 1978; 13 Sr. M. Teresa Grollimund, Schulleiterin, Lehrerin, 1968; 14 Sr. M. Sylvia Rogger, Lehrerin, 1974

Nicht auf dem Bild: Sr. M. Felizitas Kern, 1948; Sr. M. Monika Thumm, Novizenmeisterin, Lehrerin, 1985; Sr. M. Yvonne Heinrich, Lehrerin, 1986; Sr. M. Mirjam Falk, Sakristanin, Gärtnerin, 1988

KAPUIZINERINNENKLOSTER LEIDEN CHRISTI, GONTEN

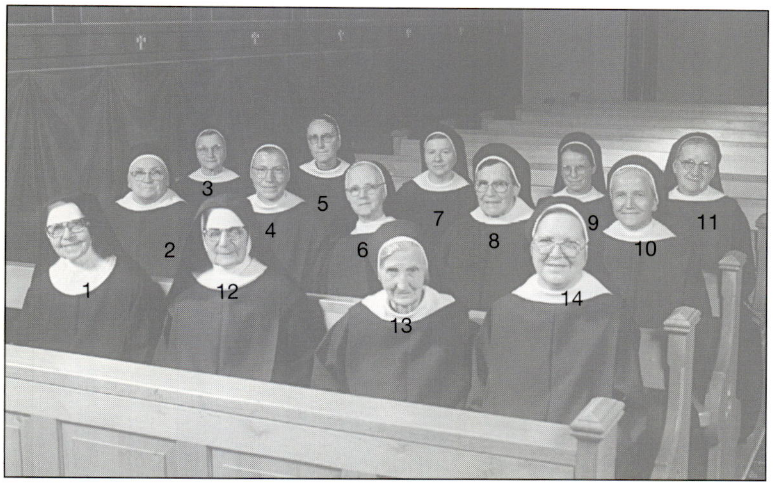

1 Sr. M. Raphaela Rüegg, 1934; 2 Sr. M. Franziska Rüttimann, 1948; 3 Sr. M. Agnes Hüppi, 1954; 4 Sr. M. Josefa Bieri, 1971; 5 Sr. M. Andrea Kistler, 1968; 6 Sr. M. Pia Hässig, 1935; 7 Sr. Mirjam-Pia Huber, 1988; 8 Sr. M. Dominica Hinder, 1938; 9 Sr. M. Dorothea Buschor, 1978; 10 Sr. M. Veronica Wohlgensinger, 1957; 11 Sr. M. Antonia Löpfe, 1938; 12 Sr. M. Plazida Schuwey, 1935; 13 Sr. M. Ottilia Fässler, 1945; 14 Sr. M. Margaretha Landolt, 1950

Nicht auf dem Bild: Sr. M. Cäcilia Gschwend (MS-krank), 1967

KAPUZINERINNENKLOSTER ST. OTTILIA GRIMMENSTEIN, WALZENHAUSEN

1 Sr. M. Benno Meier, 1948; 2 Sr. M. Ida Grüter, 1948; 3 Sr. M. Meinrada Hutter, 1940; 4 Sr. M. Benedikta Hummler, 1937; 5 Sr. M. Imelda Weiler, 1935; 6 Sr. M. Bernardine Humpeler, 1936; 7 Sr. M. Benigna Graber, 1934; 8 Sr. M. Antonia Merz, 1955; 9 Sr. M. Magdalena Miller, 1952; 10 Sr. M. Felizitas Graber, 1931; 11 Sr. M. Luzia Steiner, 1958; 12 Sr. M. Margareta Netzer, 1954; 13 Sr. M. Rafaela Kühne, 1970; 14 Sr. M.Bernadette Schneider, 1959; 15 Sr. M. Josefa Schön, 1966; 16 Sr. M. Daniela Milz, 1991; 17 Sr. M. Michaela Egartner, 1990; 18 Sr. M. Gabriela Mascher, 1957; 19 Sr. M. Hildegard Waizenegger, 1957; 20 Sr. M. Theresia Popp, 1990

DOMINIKANERINNENKLOSTER ST. KATHARINA, WIL

1 Sr. M. Marianne Künzle, 1983; 2 Sr. M. Hyazintha Kaufmann, 1955; 3 Sr. M. Corona Bernhardsgrütter, 1951; 4 Sr. M. Dominica Jakober, 1962; 5 Sr. M. Fides Osterwalder, 1983; 6 Sr. M. Bernadette Good, 1948; 7 Sr. M. Gertrud Kuratle, 1954; 8 Sr. M. Agnes Schweizer, 1948; 9 Sr. M. Thomas Krucker, 1957; 10 Sr. M. Ludovica Holenweger, 1953; 11 Sr. M. Rosa Rothenfluh, 1948; 12 Sr. M. Martina Scherer, 1955; 13 Sr. M. Beata Lämmler, 1961; 14 Sr. M. Regina Imhof, 1958; 15 Sr. M. Ancilla Wild, 1960; 16 Sr. M. Nicola Aepli, 1938; 17 Sr. M. Antonia Schär, 1944; 18 Sr. M. Theresia Braun, 1934; 19 Sr. M. Pia Zeier, 1944; 20 Sr. M. Henrica Baumli, 1942; 21 Sr. M. Rosaria Joos, 1937; 22 Sr. M. Imelda Fuchs, 1940; 23 Sr. M. Clara Müggler, 1943; 24 Sr. M. Aegidia Brunner, 1934; 25 Sr. M. Josefa Niedermann, 1943; 26 Sr. M. Johanna Germann, 1944; 27 Sr. M. Alberta Mühlebach, 1949; 28 Sr. M. Paula Hungerbühler, 1962; 29 Sr. M. Caritas Huber, 1962; 30 Sr. M. Simone Hofer, 1987; 31 Sr. M. Carla Truniger, 1959;
Nicht auf dem Bild: Sr. M. Hedwig Hidber, 1928

KAPUZINERINNENKLOSTER MARIA DER ENGEL, APPENZELL

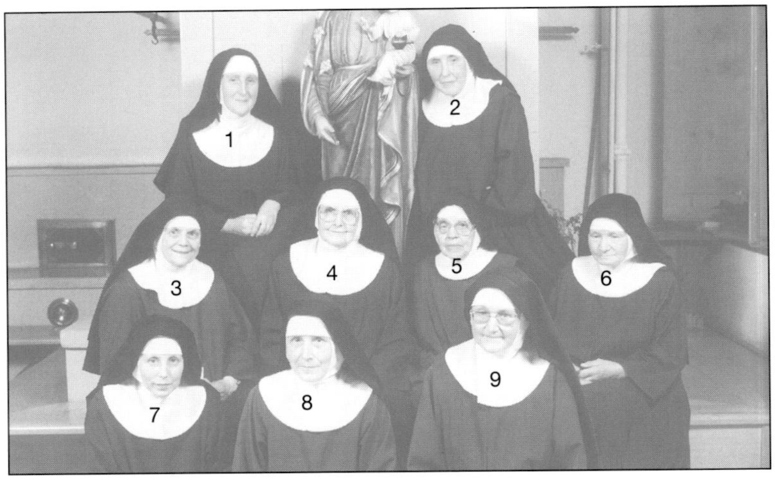

1 Sr. M. Franziska Dörig, Vikarin, 1979; 2 Sr. M. Maria Anna Grünwald, Köchin, 1965; 3 Sr. M. Niklausa Düring, Pförtnerin, 1951; 4 Sr. M. Selina Hitz, Frau Mutter, 1936; 5 Sr. M. Stefanie Camenzind, Chronistin und Bibliothekarin, 1931; 6 Sr. M. Theresia Wacher, Gärtnerin, 1943; 7 Sr. M. Consolata Meier, Organistin, 1966; 8 Sr. M. Antonia Hasler, Gärtnerin und Kellermeisterin, 1956; 9 Sr. M. Gabriela Fuchs, Sakristanin, 1949

KAPUZINERINNENKLOSTER MARIA DER ENGEL, WATTWIL

1 Sr. M. Andrea Engler, Frau Mutter, 1967; 2 Sr. M. Leandra Sutter, Besorgt das Konvent, 1946; 3 Sr. M. Salesia Gmür, Sakristanin, 1930; 4 Sr. M. Elisabeth Schönenberger, Vikarin, 1952; 5 Sr. M. Antonia Baumann, Gewandmeisterin, 1950; 6 Sr. M. Johanna Suter, Gärtnerin, 1966; 7 Sr. M. Josefa Ruckstuhl, (gehbehindert), 1945; 8 Sr. M. Hildegardis Baumann, (gehbehindert), 1936; 9 Sr. M. Mechtildis Kappler, Alt Frau Mutter, 1925; 10 Sr. M. Immaculata Engler, Wachsmeisterin, 1966; 11 Sr. M. Victoria Stäheli, Pförtnerin, 1940; 12 Sr. M. Bernadette Eberhard, Krankenpflegerin, Küchengehilfin, 1958; 13 Sr. M. Aloisia Willi, Köchin, 1945

Nicht auf dem Bild: Sr. M. Agatha Gräminger, (gehbehindert), 1935

KAPUZINERINNENKLOSTER ST. SCHOLASTIKA, TÜBACH

1 Sr. M. Johanna Pfiffner, 1937; 2 Sr. M. Bernardina Ruoss, Sakristanin, 1940; 3 Sr. M. Consolata Koller, Vikarin, 1958; 4 Sr. M. Gabriela Tinner, Frau Mutter, 1963; 5 Sr. M. Scholastika Beyeler, Hostienstanzen, 1965; 6 Sr. M. Raphaela Loser, Küche, 1961; 7 Sr. Agatha Giger, Organistin, 1958; 8 Sr. M. Nicola Käslin, Krankenschwester; 9 Sr. M. Maximilia Koller, Köchin, 1962; 10 Sr. M. Ancilla Ineichen, Hostienbacken, 1989; 11 Sr. M. Rita Gaberthüel, Kerzenzieren, 1981; 12 Sr. M. Bernadette Gemperle, 1956; 13 Sr. M. Theresia Koller, Gärtnerin, 1960; 14 Sr. M. Fidelis Stillhard, Hostienstanzen und Versand, 1933; 15 Sr. M. Caritas Ammann, 1939

KAPUZINERINNENKLOSTER ST. MARIA VOM GUTEN RAT, NOTKERSEGG, ST. GALLEN

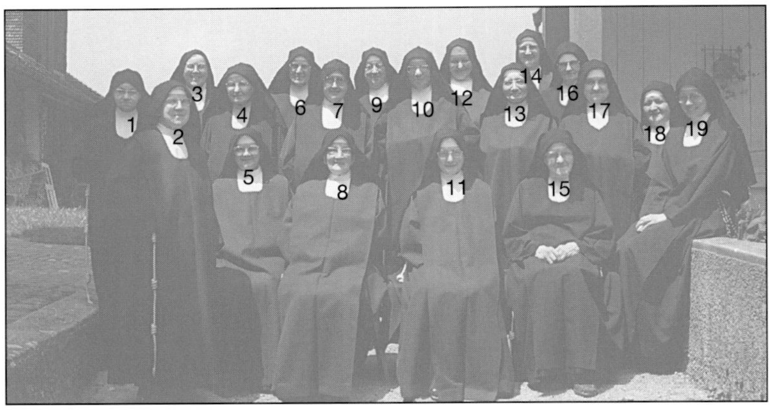

1 Sr. M. Gabriela Morger, Gewandmeisterin, 1945; 2 Sr. M. Coletta Spielmann, Waschmeisterin Imkerin, 1951; 3 Sr. M. Priska Müller, Bibliothekarin, Schriftstellerin, 1953; 4 Sr. M. Cäcilia Kohler, Rätin, Organistin, Chorleiterin, 1952; 5 Sr. M. Martha Rusch, Krankenschwester, Kräpflibäckerin, 1954; 6 Sr. M. Johanna Bürge, Näherin, Büglerin, 1949; 7 Sr. M. Hildegard Helfenberger, Sakristanin, 1977; 8 Sr. M. Franziska Odermatt, Gemüserüsterin, ehemals Organistin, 1937; 9 Sr. M. Margaretha Eisenring, Rätin, Kellermeisterin, Bäckerin, 1946; 10 Sr. M. Gertrud Harder, Frau Mutter, Archivarin, Imkerin, Wachsnerin, 1950; 11 Sr. M. Bernardina Elsener, Köchin, 1940; 12 Sr. M. Magdalena Eisenring, Tormeisterin, Raumpflegerin, 953; 13 Sr. M. Caritas Riml, Vikarin, Pförtnerin, Buchhalterin, Schreiberin, 1943; 14 Sr. M. Rita Egli, Noviziatsleiterin, Rätin, Floristin, Wachsnerin, 1955; 15 Sr. M. Antonia Kucher, Tischdeckerin, Raumpflegerin, 1944; 16 Sr. M. Meinrada Schmid, Weissnäherin, Wäscherin, Büglerin, 1951; 17 Sr. M. Elisabeth Morant, Kräpflibäckerin, Pförtnerin, 1952; 18 Sr. M. Benedikta Wyermann, Gärtnerin, »Handwerkerin«, 1955; 19 Sr. M. Klara Steiner, Organistin, Dirigentin, 1985

KAPUZINERINNENKLOSTER MARIAHILF, ALTSTÄTTEN

1 Sr. M. Juliana Hasler, Sakristanin, 1948; 2 Sr. M. Cäcilia Gerig, Vikarin, Organistin, 1960; 3 Sr. M. Felititas Wildhaber, Köchin, Dirigentin, 1959; 4 Sr. M. Veronica Karbovski, betreut die katechistische Medienstelle, 1960; 5 Sr. M. Angelika Scheiber, Krankenpflege, 1981; 6 Sr. M. Franziska Gschwend, Wäsche Haushalt, 1979; 7 Sr. M. Roswitha Keller, betagt, 1933; 8 Sr. M. Theresia Spinatsch, Haushalt, 1942; 9 Sr. M. Gertrud Thür, Näherin, 1956; 10 Sr. M. Albertina Hangartner, Buchhaltung, 1959; 11 Sr. M. Gabriela Stoop, betagt, 1932; 12 Sr. M. Benigna Tillmann, Frau Mutter, 1962; 13 Sr. M. Agnes Rupf, krank, 1943; 14 Sr. M. Bernadette Buschor, Garten, Krankenpflege, 1981; 15 Sr. M. Ancilla Blöchlinger, Haushalt, 1966; 16 Sr. M. Meinrada Hasler, Mithilfe bei den betagten und kranken Schwestern, 1954; 17 Sr. M. Raphaela Amacher, Gehilfin in der Küche, 1967
Nicht auf dem Bild: Sr. M. Rita Buschor, Seniorin, krank, 1930; Sr. M. Elisabeth Casanova, Pförtnerin, 1953; Sr. M. Blanca Hofmann, Haushalt, Garten, 1942; Sr. M. Hedwig Wochner, Archivarin, Bibliothekarin, 1932

DOMINIKANERINNENKLOSTER MARIA ZUFLUCHT, WEESEN

1 Sr. M. Ancilla Anklin, Bibliothekarin, Organistin, 1950; 2 Sr. M. Christophora Keusch, Nähen, Pforte, 1961; 3 Sr. M. Josefa Vögeli, Läuten, 1929; 4 Sr. M. Dominique Leuenberger, Noviziatsleiterin, Gasthaus, 1992; 5 Sr. M. Benedikta Borer, Seniorin, Kunstsachen, 1927; 6 Sr. M. Angelika Vogel, Priorin, Gasthaus, 1960; 7 Sr. M. Antonina Malik, Subpriorin, Hostien, 1961; 8 Sr. M. Elisabeth Sprecher, Sakristanin, Wäsche, 1960; 9 Sr. M. Petra Heeb, Archiv, Garten, 1948; 10 Sr. M. Martina Landmann, Pforte, Garten, 1958; 11 Sr. M. Alfonsa Mäder, Garten, Küche, 1939

Nicht auf dem Bild: Sr. M. Monika Strittmatter, Ökonomin, 1937

BENEDIKTINERINNENABTEI ST. GALLUS UND OTMAR, GLATTBURG

1 Sr. M. Mechtild Rüegg, 1951; 2 Sr. M. Hildegard Nef, 1937; 3 Sr. M. Luzia Züger, 1935; 4 Sr. M. Benedikta Meile, 1952; 5 Sr. M. Anna Hüsser, 1960; 6 Sr. M. Bernarda Meile, Priorin, 1964; 7 Sr. M. Elisabeth Lütolf, 1946; 8 Sr. M. Meinrada Rickli, Supriorin, 1939; 9 Sr. M. Ottilia Bachmann, 1946; 10 Sr. M. Paula Storchenegger, 1930; 11 Sr. M. Margaretha Hofstetter, 1957; 12 Sr. M. Regina Rickli, 1942; 13 Sr. M. Josefa Meile, 1955; 14 Sr. M. Theresia Widmer, 1955; 15 Sr. M. Immaculata Steiner, zeitl. 1992; 16 Sr. M. Ancilla Zahner, zeitl. 1991; 17 Sr. M. Gertrud Gämperle, 1983; 18 Sr. M. Martha Gämperle, 1963; 19 Sr. M. Cäcilia Federli, 1938; 20 Sr. M. Erentrud Müller, 1966; 21 Sr. M. Plazida Egger, 1942; 22 Sr. M. Klara Schmuki, 1937

ZISTERZIENSERINNENABTEI, MAGDENAU

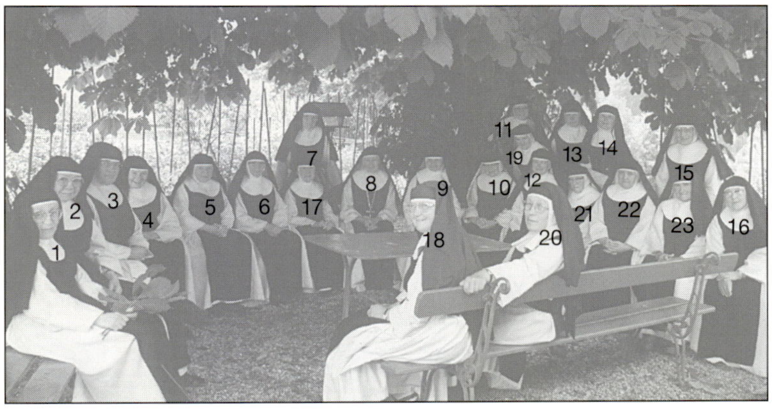

1 Mutter Benedikta Oesch, Äbtissin i.R., 1928; 2 Sr. M. Anna Strub, 1967; 3 Sr. M. Ancilla Ringler, 1951; 4 Sr. M. Scholastika Moser, 1957; 5 Sr. M. Hildegardis Steiner, 1940; 6 Sr. M. Aloisia Bühler, 1927; 7 Sr. M. Bernarda Federer, 1948; 8 Sr. M. Raphaela Pfluger, Äbtissin, 1970; 9 Sr. M. Meinrada Schefer, 1945; 10 Sr. M. Dolorosa Wehrle, 1934; 11 Sr. M. Assumpta Huwyler, 1958; 12 Sr. M. Caritas Sax, Subpriorin, 1967; 13 Sr. M. Bernadette Mahnig, Priorin, 1966; 14 Sr. M. Immaculata Hollenstein, 1967; 15 Sr. M. Ida Buchegger, 1940; 16 Sr. M. Agnes Bannmüller, 1955; 17 Sr. M. Klara Forster, 1930; 18 Sr. M. Benigna Boos, 1968; 19 Sr. M. Josefa Engeler, 1937; 20 Sr. M. Magdalena Merz, 1967; 21 Sr. M. Katharina Trittenbass, 1931; 22 Sr. M. Nikolausa Baumann, 1948; 23 Sr. M. Johanna Buchegger, 1935

Nicht auf dem Bild: Sr. M. Albertika Benatzky, 1926; Sr. M. Barbara Herzog, 1927; Sr. M. Cäcilia Scherrer, 1932

BIBLIOGRAPHIE

ALLGEMEINE BIBLIOGRAPHIE

KARL STEIGER, *Schweizer Äbte und Äbtissinnen aus Wiler Geschlechtern.* Bilder aus der Vergangenheit schweizerischer Stifte und Klöster, Wil 1924.

GEORG THÜRER, *St. Galler Geschichte.* Kultur, Staatsleben und Wirtschaft in Kanton und Stadt St. Gallen von der Urzeit bis zur Gegenwart, 2 Bde., St. Gallen 1953 und 1972.

SILJA WALTER, *Das Kloster am Rande der Stadt,* Zürich 1971.

Schweizer Benediktinerinnen. Klöster, Geschichte, Aufgaben, Einsiedeln 1980.

SILJA WALTER, *Ruf und Regel.* Erfahrungen des Glaubens im benediktinischen Kloster, Zürich 1980.

WERNER VOGLER, *Wachsmodel und Wachsarbeiten aus sanktgallischen Frauenklöstern,* in Volkskunst, 5, 1986, S. 229–234.

Klosterarbeiten aus dem Bodenseeraum, in Rorschacher Neujahrsblatt, 77, 1987, S. 85–90.

Neujahrswünsche, Neujahrsgeschenke und Neujahrsverehrungen um 1700, in Cistercienserchronik, 94, 1987, S. 133–136.

P. LUDGER HORSTKÖTTER, *Der heilige Norbert von Xanten und die Prämonstratenser,* Duisburg-Hamborn 1989.

MATHILDE TOBLER, *Wahre Abbildung.* Marianische Gnadenbildkopien in der schweizerischen Quart des Bistums Chur, in Geschichtsfreund 144. Stans 1991, S. 5–428.

Dominikus, seine Schwestern und Brüder in der Schweiz, Disentis 1992.

JOHANNES WERNER, *Vom mönchischen Leben,* Frankfurt a. M. und Leipzig 1992.

Frauenklöster in der Schweiz, Herausgegeben von den Vereinigungen der Ordensgemeinschaften der deutschsprachigen Schweiz; Kanisius-Verlag 1984

BIBLIOGRAPHIE FAUENKLÖSTER

Adliges Damenstift, Schänis

ANTON FRÄFEL, *Kreuz und Löwe.* Geschichte des Stiftes Schennis und der Landschaft Gaster, Uznach 1903.

JOHANNES SEITZ, *Geschichte des hochfürstlichen, freiweltlichen adelichen Reichsstifts Schänis,* St. Gallen 1941 (= 81. Neujahrsblatt des Historischen Vereins des Kantons St. Gallen).

WALTER BERSCHIN und THEODOR KLÜPPEL, *Die Reichenauer Heiligblut-Reliquie,* Konstanz 1988.

St. Katharina, (St. Gallen) Wil

THOMA KATHARINA VOGLER, *Geschichte des Dominikanerinnenklosters St. Katharina in St. Gallen 1228–1607,* Diss. phil. Freiburg, Freiburg 1938.

ERWIN POESCHEL, *Kunstdenkmäler der Schweiz,* St. Gallen 2, Basel 1957, S. 136–152.

DOMINICA JAKOBER, *750 Jahre Dominikanerinnenkloster St. Katharina St. Gallen-Wil,* o.O., O.J.

Magdenau

AUGUST HARDEGGER, *Die Cistercienserinnen zu Maggenau,* in Neujahrsblatt für die St. Gallische Jugend, St. Gallen 1893, S. 1–38.

EUGEN GRUBER, *Geschichte des Klosters Magdenau,* Ingenbohl 1944.

ANTON LARGIADÈR, *Die Papsturkunden des Zisterzienserinnenklosters Magdenau,* in Mitteilungen des Instituts für österreichische Geschichtsforschung, 68, Graz-Köln 1960, S. 140–155.

BERNHARD ANDERES, *Magdenau,* Schweizerische Kunstführer, Basel 1977.

EUGEN GRUBER / CECILE SOMMER-RAMER, *Magdenau,* in: Helvetia Sacra, III/3/2, Bern 1982, S. 768–797.

HANS RUDOLF SENNHAUSER (u.a.), *Zisterzienserbauten in der Schweiz 1,* Zürich 1990, 5. 163–167.

St. Maria Zuflucht, Weesen

E. HERBERT, *Das Dominikanerinnenkloster »Maria Zuflucht« in Weesen,* in Heimatkunde vom Linthgebiet, 27, Uznach 1955, S. 1–16/19–40.

BERNHARD ANDERES, *Kunstdenkmäler der Schweiz,* St. Gallen 5, Basel 1970, S. 323–368.

ROSARIA AMREIN, *Dominikanerinnenkloster Maria Zuflucht,* Zug o.J.

Mariazell Wurmsbach

AUGUST HARDEGGER, *Mariazell zu Wurmsbach,* in St. Galler Neujahrsblätter, St. Gallen 1908.

PAUL STAERKLE, *700 Jahre Kloster Wurmsbach,* in Heimatkunde vom Linthgebiet, 31, Nr. 2/3, Uznach 1959, S. 9–24.

BERNHARD ANDERES, *Kunstdenkmäler der Schweiz,* St. Gallen 4, Basel 1966, S. 104–143.

BEATRIX OERTIG, *Wurmsbach,* in: Helvetia Sacra, III/3/2, Bern 1982, S. 960–982.

BEATRIX OERTIG (Red.), *725 Jahre Kloster Mariazell Wurmsbach,* Rapperswil 1984.

HANS RUDOLF SENNHAUSER (u.a.), *Zisterzienserbauten in der Schweiz 1,* Zürich 1990, S. 317–338.

700 Jahre Kloster Wurmsbach (1259–1959), Uznach o.J.

St. Maria der Engel, Wattwil

ARTHUR KOBLER, *Das Kloster Pfanneregg,* in Toggenburgerblätter für Heimatkunde, 4, Okt./Dez. 1945, S. 25–32.

ARTHUR KOBLER, *Das Kloster Pfanneregg,* in Toggenburgerblätter für Heimatkunde, 3/4, Juli/Dez. 1964, S. 23–30.

ARTHUR KOBLER, *Das Terzianerinnenkloster Wattwil,* (Sonderdruck aus Alemania Franciscana Antiqua, Band 16, 1970).

ARTHUR KOBLER, *St. Maria der Engel in Wattwil,* in: Helvetia Sacra, V/2/2, Bern 1974, S. 1095–1104.

BERNHARD ANDERES, *Maria der Engel – ein Kloster im Spiegel der Kunst,* Bazenheid 1983.

WERNER VOGLER, *Kerzenherstellung nach alter Tradition,* in: Volkskunst, 3. August 1986, S. 35–40.

Maria Rosengarten, Wonnenstein

AUGUST HARDEGGER, *Das Klösterlein Wonnenstein,* in Appenzeller Kalender, 199, Trogen 1920.

PAUL STAERKLE, Wonnenstein, in: Helvetia Sacra, V/2/2, Bern 1974, S. 1104–1111.

JOHANNES DUFT, *600 Jahre Frauenkloster Wonnenstein bei Teufen,* in die Ostschweiz am Wochenende, 15. März 1980.

RAINALD FISCHER, *Kunstdenkmäler der Schweiz,* Appenzell-Innerrhoden, Basel 1984, S. 538–556.

St. Scholastika, Tübach

JOSEF RECK, *Die Anfänge des Frauenklosters St. Scholastika,* Separatdruck aus Rorschacher Neujahrsblatt 56, Rorschach 1966, S. 87–104.

JOSEF RECK, *St. Scholastika in Tübach,* in: Helvetia Sacra, V/2/2, Bern 1974, 5. 1086–1095.

Zur Geschichte des Klosters St. Scholastica Rorschach-Tübach, o.O., o.J.

St. Wiborada, St. Gallen

AUGUST HARDEGGER, *St. Wiborada und ihr Klösterlein.* Leokalender 1926 und 1927.

ERWIN POESCHEL, *Kunstdenkmäler der Schweiz,* St. Gallen 2, Basel 1957, S. 172–185.

JOSEF RECK, *St. Wiborada in St. Gallen,* in: Helvetia Sacra III/1/3, Bern 1986, 5. 1934–1940.

Mariahilf, Altstätten

HANS JENNY, *Kunstführer durch die Schweiz 1,* 5. Aufl., Wabern 1971, S. 480.

ERICH EBERLE, *Maria Hilf in Altstätten,* in: Helvetia Sacra, V/2/2, Bern 1974, S. 970–978.

St. Maria vom Guten Rat, Notkersegg

ERWIN POESCHEL, *Kunstdenkmäler der Schweiz,* St. Gallen 2, Basel 1957, S. 208–220.

PAUL STAERKLE, *Notkersegg,* in: Helvetia Sacra, V/2/2, Bern 1974, S. 1050–1057.

BENNO SCHUBIGER (Red.), u.a., *600 Jahre Kloster Notkersegg 1381–1981,* St. Gallen 1981.

WERNER VOGLER, *Wachsmodel und Wachsarbeiten aus sanktgallischen Frauenklöstern,* in: Klosterarbeiten aus dem Bodenseeraum, St. Gallen 1986, S. 87–93.

BENNO SCHUBIGER, *Kapuzinerkloster Notkersegg bei St. Gallen,* Schweizerische Kunstführer, Bern 1990.

St. Ottilia, Grimmenstein

JOHANN STAEHELIN, *Grimmenstein und Walzenhausen,* St. Gallen 1964, S. 17–20.

P. BEDA MAYER, *St. Ottilia Grimmenstein-Walzenhausen,* in: Helvetia Sacra, v/2/2, Bern 1914, S. 1017–1032

RAINALD FISCHER, *Kunstdenkmäler der Schweiz,* Appenzell-Innerrhoden, Basel 1984, S. 522–538.

St. Maria der Engel, Appenzell

RAINALD FISCHER, *St. Maria der Engel in Appenzell,* in: Helvetia Sacra, v/2/2, Bern 1974, S. 978–991.

RAINALD FISCHER, *Kunstdenkmäler der Schweiz,* Appenzell-Innerrhoden, Basel 1984, S. 251– 284.

St. Gallus und Otmar, Glattburg

PAUL STAERKLE, Kurze Geschichte des Klosters Glattburg, Gossau 1954 .

JOSEF GRÜNENFELDER, *Benediktinerkloster St. Gallusberg,* Basel 1974 .

PAUL STAERKLE, *Glattburg,* in: Helvetia Sacra, III/1/3, Bern 1 986, S. 1807–1813 .

Berg Sion, Gommiswald

J. WIDMER, *Das Prämonstratenserinnen-Kloster Berg Sion einst und jetzt,* Uznach 1932.

D. NORBERTO BACKMUND, *Monasticon Praemonstratense,* Band 1, Straubing 1949, S . 66/50 1 .

JOSEF RECK, *200 Jahre Kloster Berg Sion, Gommiswald,* Uznach 1966 .

BERNHARD ANDERES, *Kunstdenkmäler der Schweiz,* St. Gallen 5, Basel 1970, S. 74–90.

BERNHARD ANDERES, *Frauenkloster Berg Sion bei Gommiswald SG,* Schweizerische Kunstführer, Bern 1990.

Leiden Christi, Gonten

P. THEOPHIL GRAF, *Leiden Christi in Gonten,* in: Helvetia Sacra, V/2/2, Bern 1974, S. 1011–1017.

WERNER KAMBER, *Der rote Faden Gottes.* Kloster Leiden Christi Jakobsbad, Jakobsbad/Gonten AI 1982.

RAINALD FISCHER, *Kunstdenkmäler der Schweiz,* Appenzell-Innerrhoden, Basel 1984,

BIBLIOGRAPHIE MÄNNERKLÖSTER

Benediktinerabtei St. Gallus und Otmar, St. Gallen

Das Professbuch der Abtei St. Gallen (Phototypische Wiedergabe mit Einführung und einem Anhang von Paul M. Krieg), Augsburg, 1931.

ILDEFONS VON ARX, *Geschichten des Kantons St. Gallen,* 3 Bde., St. Gallen 1810–1813; Berichtigungen und Zusätze, St. Gallen 1830 (Nachdruck mit einer Einführung von WERNER VOGLER, St. Gallen 1987).

JOHANNES DUFT, ANTON GÖSSI, WERNER VOGLER, *Die Abtei St. Gallen.* Abriss der Geschichte, Kurzbiographien der Äbte, Das stiftsanktgallische Offiziliat, St. Gallen 1986.

JOHANNES DUFT, *Die Abtei St. Gallen.* Ausgewählte Aufsätze in überarbeiteter Fassung, 2 Bände (3. Band in Vorbereitung), Sigmaringen 1990 und 1991.

WERNER VOGLER (Hrsg.), Die Kultur der Abtei St. Gallen, Zürich 1992.

Benediktinerabtei St. Maria Assumpta, Pfäfers

JOSEPH ANTON HARDEGGER, *Beiträge zur spätmittelalterlichen Geschichte der Benediktinerabtei Pfävers,* Diss. phil. Freiburg i. Ue. 1969.

P. RUDOLF HENGGELER, *Monasticon-Benedictinum Helvetiae.* 2. Band: Professbuch der Benediktinerabteien Pfäfers, Rheinau Fischingen, Zug (1931).

FRANZ PERRET, *Aus der Frühzeit der Abtei Pfävers,* St. Gallen 1958 (= 98. Neujahrsblatt des Historischen Vereins des Kantons St. Gallen).

RICHARD H. SIMON, *Rechtsgeschichte der Benediktinerabtei Pfäfers und ihrer Gebiete,* Diss. iur. Bern, Ragaz 1918.

WERNER VOGLER, *Das Ringen um die Reform und Restauration der Fürstabtei Pfävers 1549–1637,* Diss. phil. Freiburg i. Ue., Mels 1973.

WERNER VOGLER, *Ein historischer Bericht über die Feste Wartenstein und die Vogtei Pfävers aus der Zeit um 1400,* in: St. Galler Kultur und Geschichte 2, 1972, S. 76–82.

WERNER VOGLER, *Bibliotheca Fabariensis. Zur Geschichte der Pfäferser Klosterbibliothek,* in Librarium 26, 1983.

Benediktinerabtei Maria Einsiedeln

P. ODILO RINGHOLZ, *Wallfahrtsgeschichte Unserer Lieben Frau von Einsiedeln,* Freiburg i. Br. 1896.

P. ODILO RINGHOLZ, *Geschichte des fürstlichen Benediktinerstiftes U.L.F. von Einsiedeln,* Einsiedeln, Waldshut und Köln 1904.

P. RUDOLF HENGGELER, *Professbuch der fürstlichen Benediktinerabtei U.L.F. zu Einsiedeln,* Zug 1933.

P. RUDOLF HENGGELER, *Die Einsiedler Eingeweihe,* in Zeitschrift für schweizerische Kirchengeschichte 40, 1946, S. 1–30.

H. BÖCK, *Einsiedeln.* Das Kloster und seine Geschichte, München und Zürich 1989.

JOACHIM SALZGEBER, *Einsiedeln,* in: Helvetia Sacra, III/1/1, Bern 1986, 5. 517–594.

Kapuzinerkloster Mariä Lichtmess, Appenzell

RAINALD FISCHER, *Kunstdenkmäler der Schweiz,* Appenzell-Innerrhoden, Basel 1984, S. 58–60/227–251.

Kapuzinerkloster Mariä Heimsuchung, Rapperswil

BERNHARD ANDERES, *Kunstdenkmäler der Schweiz,* St. Gallen 4, Basel 1966, S. 317–329.

P. BEDA MAYER, *Kloster Rapperswil,* in: Helvetia Sacra, V/2/1, Bern 1974, S. 454–478.

BERNHARD ANDERES, *Gotik in Rapperswil,* Rapperswil o.J.

Kapuzinerkloster St. Rarl Borromäus, Mels

RAPHAEL HOGG, *Geschichte des Kapuzinerklosters Mels,* Mels 1935.

ERWIN ROTHENHÄUSLER, *Kunstdenkmäler der Schweiz,* St. Gallen 1 , Basel 1951, S. 103–108.

ARMIN BREU, *300 Jahre Kapuzinerkloster Mels,* Mels 1954.

P. BEDA MAYER, *Kloster Mels,* in: Helvetia Sacra, V/2/1, Bern 1974, S. 382–403.

Kapuzinerkloster St. Anton von Padua, Wil

SIEGFRIED WIND, *Geschichte des Kapuzinerklosters Wil,* Wil 1927.

P. BEDA MAYER, *Kloster Wil,* in: Helvetia Sacra, V/2/1, Bern 1974, S. 709–730.

BIBLIOGRAPHIE DER WERKE ÜBER REGELN UND SATZUNGEN

HANS-URS VON BALTHASAR (Hrsg.), *Die grossen Ordensregeln,* Einsiedeln/Zürich/Köln 1948.

P. BASILIUS STEIDLE OSB (Hrsg), *Die Benediktusregel lateinisch–deutsch,* Beuron 1980.

Die Benediktsregel. Eine Anleitung zu christlichem Leben, übersetzt und erklärt von GEORG HOLZHERR, Zürich/Einsiedeln/Köln 1980.

Die Regel des heiligen Benedikts, eingeleitet und übersetzt von P. BASILIUS STEIDLE OSB, Beuron 1988.

Die Regel des hl. Augustinus, übersetzt von P. HILARIUS M. BARTH O.P., Regensburg 1976.

Die Regel des heiligen Augustinus, eingeführt und erklärt von P. ADOLAR ZUMKELLER O.E.S.A, Würzburg 1962.

Regel und Satzungen der Kapuzinerinnen der Föderation St. Klara in der Schweiz, Luzern o.J.

Buch der Konstitutionen der Nonnen des Predigerordens, Köln 1990.